사운드 오브 머니
백만장자의 음악들

일러두기
1. 굳어진 인명이나 외래어는 일반적인 명칭을 따랐습니다.
2. 영화 및 곡명은 ' ', 도서는 《 》, 잡지는 〈 〉로 표기했습니다.

SOUND OF MONEY

백 만 장 자 의 음 악 들

사운드 오브 머니

박성건 지음

차례

여는 글 · 두 귀를 열면 정말 인생이 달라질까?　　　　　　… 009

1.
인류를 살리는 첫 멜로디
왜 성공한 사람들은 음악애호가가 많을까?

인류가 살아남은 게 '큰 귀' 때문이라고?	… 015
사람의 두 다리에서 시작된 멜로디 발생설	… 021
탐욕스러운 천사 음성의 시대	… 026
르네상스가 허락한 최초의 마약, '오페라와 피아노'	… 032
고대 귀족들은 왜 작곡가를 매수했을까?	… 037

2.
집중력을 부르는 멜로디
세계 명품 역사를 뒤집은 위대한 연주, 클래식

크리스찬 디올은 뉴욕의 택시 안에서 탄생했다?	⋯ 043
귀르가즘이 75개 브랜드를 보유한 명품그룹 LVMH에 미친 영향	⋯ 048
피아노 중독자 '아르노', 뜨거운 사생활이 성공의 불씨로	⋯ 052
주식시장의 변동성은 클래식 선율과 닮아 있다?	⋯ 055
천재 음악가가 죽지 않았다면 아인슈타인은 세상에 없었다	⋯ 067
모차르트에 몰두해야 뇌가 발달하는 이유	⋯ 074
낮과 밤, 언제 클래식을 들어야 할까?	⋯ 078

♪ La Campanella | Liszt

3.
창의력을 키우는 멜로디
인류의 한계치를 발칵 뒤집는 특효 음악, 록

일론 머스크는 사기꾼일까? 구원자일까?	⋯ 083
스페이스 엑스와 테슬라의 탄생에 악마적 영감을 준 곡	⋯ 092
UFO 음악을 만든 데이비드 보위, 우주 전쟁의 판도를 바꾸다	⋯ 094
레코드회사에서 하늘을 날게 된 최초의 처녀	⋯ 099
1978년, 밴엔제리스가 아이스크림 시장을 제패하지 않았더라면	⋯ 107
제리 가르시아 vs 체르 가르시아	⋯ 112
록음악을 들으면 큰 수익을 낼 수 있을까?	⋯ 117
강렬한 비트가 인체에 미치는 영향	⋯ 124

♪ Space Oddity | David Bowie

4.
최면력이 생기는 멜로디
긍정의 얼굴로 인류에게 최면을 거는 마법, 팝송

스티브 잡스의 아이팟에는 어떤 노래가 들어 있을까?	··· 129
애플이 광고하는 CF에 '밥 딜런'이 등장한다고?	··· 133
백만장자 워런 버핏은 왜 주주총회에서 팝송을 불렀나?	··· 139
천당과 지옥을 'My Way'로 오간 두 팝가수	··· 150
수십만 년 동안 살아남은 명곡들의 비밀	··· 153
팝송을 하루 다섯 번 들어야 하는 이유	··· 160

♪ Mr. Tambourine Man | Bob Dylan

5.
자신감을 불어넣는 멜로디
안 되는 것도 되게 하는 불멸의 성공 음악, 가요

'해뜰날' 돌아온 현대그룹의 작은 거인	··· 165
정주영 회장의 "이봐 해봤어?"가 사실 오마주라고?	··· 170
희대의 라이벌 삼성이 '국악'에 목숨을 걸었던 이유	··· 174
이병철 회장은 77년 동안 왜 벤츠 안에서 '쑥대머리'를 들었나	··· 181
가요 속의 또 다른 나, '뮤직미러링효과'	··· 183
큰일을 앞두고 꼭 들어야 하는 노래	··· 188

♪ 해뜰날 | 송대관

6.
투자력을 올리는 멜로디
전 세계의 투자 흐름을 결정 짓는 무기, 댄스힙합

'골드만삭스'의 CEO 데이비드 솔로몬이 밤마다 디제잉을?	… 193
세계 음악계를 점령한 흑인들의 슬로건: "돈 내놔!"	… 200
불량과 환상의 머니 싸움, 디스전	… 205
B급 감성으로 빌보드를 발칵 뒤집은 슈퍼스타의 과거	… 208
200년 역사가 기록하는 최고의 음악 재벌은?	… 210
빠른 곡이 이길까? 느린 곡이 이길까?	… 216
힙합에 3분만 투자해도 돈이 된다고?	… 220

♪ I Wanna Dance With Somebody | Whitney Houston (D-Sol 리믹스)

7.
사고력을 만드는 멜로디
글로벌 시장을 흡수하는 다양한 에너지의 힘, 케이팝

우리나라 최초의 아이돌은 H.O.T가 아니다	… 225
SM엔터테인먼트의 진짜 설립자는 누구일까?	… 228
JYP의 노래 도입부에 항상 '제와이피'가 들어가는 이유	… 232
10대들의 참혹한 발명품, 케이팝	… 236
MZ세대의 기억을 관장하는 음악과 해마 이야기	… 240
BTS 앨범으로 배우는 마인드 리셋법	… 242

♪ 피 땀 눈물 | BTS

닫는 글 · 음악의 코어를 알면 성공이 보인다　　　… 245

여는 글
두 귀를 열면 정말 인생이 달라질까?

사람들은 모두 성공하고 싶어 한다. 1990년대 소비와 자본의 시대에 들어서면서 잘되고 싶은 욕망을 공공연하게 드러내는 것도 더는 이상한 일이 아닌 세상이 되었다. 그러다 보니 많은 사람이 무던히도 애를 썼다. 특히 2020년 코로나19 때는 시장 폭락과 함께 자녀들에게 주식을 사주는 열풍이 불었고, 스스로를 자산전문가로 칭하는 이들이 한순간에 유튜브 스타가 되었다. 하지만 부자가 되는 방법은 이처럼 뒷산 오르듯 간단한 일이 아니다. 우리는 세계의 인재들이 힘겨운 노력으로 부를 달성했다는 사실을 다양한 전기와 사례를 통해 이미 알고 있다.

특히 유명 기업가나 고위 인사들이 성공하는 데 특정 음악이 영향을 주었다는 사실은 유의미한 발견이 아닐 수 없다. 그들이 즐겨들었던 노래는 창의적인 발명을 할 수 있도록 아이디어를 주기도 했고, 중요한 의사결정을 내리는 데 도움이 되기도 했다. 음악을 벗 삼아 사업을 주도하기도 했으며, 애창곡을 통해 신념을 다잡는 일도 있었다.

이 책을 쓴 필자로서도 놀라웠다. 대중음악평론가로 살아오며 음악이 인간에게 미치는 영향을 다양한 경로를 통해 발견했지만, 부와 명예에 이토록 강한 자극을 주고 있다는 사실에 고무될 수밖에 없었다. 그들을 연구하면서 이 결과를 더 많은 사람과 빨리 공유했으면 하는 바람도 함께 이어졌다.

과연 세상의 손꼽히는 인물들은 어떤 음악을 어떻게 들었을까? 나는 몇 년에 걸쳐 부자들, 또는 성공했다고 말하는 시대의 인물들을 조사하며 한 가지 흥미로운 사실을 발견했다. 놀랍게도 그들이 '좋아하는 음악처럼 살았다'는 것이다. 특히 이 책에 등장하는 테슬라의 일론 머스크, 애플의 스티브 잡스, LVMH의 베르나르 아르노, 투자의 귀재 워런 버핏, 현대의 정주영과 삼성의 이병철이 그랬다.

그들은 부와 성공을 이루는 과정에서 음악을 적절히 활용했는데, 듣고 부르는 행위를 통해 각자 자신의 능력을 실현해 나갔다는 이야기다. 그리고 그것은 고대 인류로부터 뼛속 깊이 새겨진 생존본능에 근거하고 있다.

그렇다면 음악처럼 산다는 것은 무슨 말일까? 이제 그 의미를 찾아볼 차례다. 나는 본의 아니게 그동안 다양한 매체에서 활동하며 성공과 실패를 거듭한 음악가들의 인생을 추적해왔다. 그 결과 자본주의 속 위대한 인물들의 애청곡을 통해 성공과 돈의 의미를 찾아볼 수 있었다.

첫 완성원고를 탈고했을 때의 흥분을 지금도 잊을 수 없다. 그만큼 독자를 빨리 만나고 싶은 마음 때문이었으리라. 자, 이제 당신을 성공으로 이끌 음악의 세계로 가슴 벅찬 여행을 떠나보자.

01

인류를 살리는 첫 멜로디

왜 성공한 사람들은 음악애호가가 많을까?

"만약 소리가 없었더라면…
오늘날 인류는 먹지도 쉬지도
아니, 살아남지조차 못했을 것이다."

인류가 살아남은 게 '큰 귀' 때문이라고?

부자들이 좋아하는 음악이 있을까? 있다면 무엇일까? 고가의 오디오로 듣는 클래식? 아니면 누구나 아는 유명 팝송? 만약 그 음악들을 듣는다면 나도 부자가 될 수 있을까?

여기 부자들이 사랑하고 즐겨 들었던 음악들이 있다. 앞으로 언급하겠지만 우리가 알고 있는 상당수의 성공한 사람들은 어떤 노래를 반복적으로 듣고 영감을 받았다. 이 책에는 그런 사람들이 어떤 노래를 좋아했고, 왜 좋아했는지에 대한 비밀이 담겨 있다.

그런데 이야기를 시작하기 전에 하나 가정을 해보자. 만약 부자들이 어떤 노래를 듣고 성공해 부자가 되었다면 그것은 최근에 한정된 일일까? 과거, 그러니까 고대나 중세에는 음악의 영향으로 돈을 번 귀족이나 신흥 부자들이 없었을까? 그리고 그 음악으로 부와 권력을 유지했다면 과연 여러분은 얼마나 믿을 수 있겠는가? 그것도 아니라면 혹시 인류의 유전자나 진화론 속에 어떤 특별한 노하우가 숨어 있는 것은 아닐지 궁금해지지 않을 수 없다.

흥미롭게도 부와 관련된 음악의 역사는 선사시대로 거슬러 올라간다. 한 조사에 따르면 현대인들은 하루 평균 20분 정도의 음악을 듣는다. 하지만 사람은 훨씬 더 음악과 친숙하다. 말도 못 하는 1살도 채 되지 않은 아기가 박자에 맞춰 몸을 움직이는 것을 본 일이 있을 것이다. 아이는 태생적으로 박자를 알고 있다. 언어보다 음악의 기원이 훨씬 앞서 있으며 인간에게 박자와 리듬 DNA가 내재되어 있다는 뜻이다. 아마 음악은 선사시대부터 인간이 유전자에 짜 넣고 각인해왔던 생존 도구가 아닐까? 어쩌면 당신도 모른 채 부여받은 그 특별한 능력을 음악을 통해 발견할 수도 있고, 예상했던 것보다 더 빠르게 성공을 할 수도 있다. 그리고 그것은 여러분의 몫이다.

지금으로부터 약 200만 년 전의 일이다. 훗날 남아프리카 공화국의 수도 케이프타운에 최초의 인류였던 호모 에렉투스의 무리가 살고 있었다. 두 다리로 걸을 수 있었던 그들은 바위 위에 걸터앉아 나무에 달린 과일을 따 먹으며 살아오던 중 혹독한 추위를 여러 차례 겪으며 더 이상 이런 식으로는 살 수 없다는 사실을 깨달았다.

무리 중에는 모험심이 강하고 힘이 세며 키가 큰 우두머리 '머리바람Wind In His Hair'이 있었다. 그는 어느 날 수십 킬로미터 떨어진 곳에 갔다가 빨간 과일이 달린 나무를 보았다. 빨간 과일을 배불리 먹고 돌아오던 중에 굉음을 내는 산짐승들을 만났지만, 나무 위에 올라가 가까스로 위기를 모면하고 돌아올 수 있었다.

머리바람은 무리를 위해 빨간 과일을 어깨에 한가득 짊어지고 왔는데 돌아오던 와중에 누군가 자신을 뒤따라온다는 느낌을 받았다. 혹시라도 다른 부족이 과일을 빼앗기 위해 뒤를 밟았을 수도 있지만 설마 하는 생각으로 무사히 돌아왔고, 그날 저녁 무리들과 함께 빨간 과일을 배불리 먹고 한바탕 춤을 춘 뒤 잠이 들었다.

이때 가정을 하나 해보자. 200만 년 전에는 전기도 없고 불도 쉽게 피울 수 있는 상황이 아니었다. 즉 주위에 위험 요소가 많았다. 게다가 무기도 정교하지 않았으니 산짐승의 공격에 속수무책으로 당했을 것이다. 만일 머리바람이 과일을 먹고 돌아오는 길에 사고를 맞닥뜨렸다면 어떠했을까? 또 배불리 먹고 잠든 사이에 타 부족의 침입이 있었다면 어떠했을까?

아마도 귀가 잘 발달했다면 움직이는 소리를 미리 알아채고 피할 수 있었을 것이다. 머리바람이 속해 있던 부족민들은 현대인들보다 귀가 예민했다. 쉽게 말해 보통은 체격이 크고 무기를 잘 쓰는 인류가 살아남을 수 있다고 생각하지만 머리바람이 살던 시대만 떠올리면 귀가 발달한 인류가 더 우월했다.

소리를 잘 들어서 위험을 극복한 사례는 인간에게만 발견되는 것은 아니다. 찰스 다윈은 1871년 발표한 자신의 책 《인간의 유래와 성에 관한 선택》에서 원숭이 무리의 사례를 소개했다. 런던동물원의 한 직원이 똬리를 튼 박제 뱀을 가지고 원숭이 우리에 들어간 일이 있었다. 그때 놀란 긴꼬리원숭이가 뛰어다니며 위험을 알리자 주위에 있던 모든 원숭이가 그 의미를 이해했다는 것이다.

반대로 소리를 내서 위기를 모면한 것과 동시에 위대한 영웅을 발견한 사례도 있다. 어느 날 개코원숭이 무리가 골짜기를 건너던 중 급작스럽게 개들의 습격을 받았다. 그러자 개코원숭이들이 재빨리 산으로 올라가 몸을 피했다. 그런데 이때 생후 6개월쯤 된 어린 원숭이 한 마리가 뒤처져 낙오되고 말았다. 어린 개코원숭이는 간신히 바위 위에 올라갔고 개들은 으르렁대며 그 주위를 포위했다. 어린 개코원숭이가 울먹이는 소리로 도움을 청했다. 그때 원숭이 무리에 있던 큰 수컷 하나가 용기 있게 어린 새끼를 데리고 유유히 산으로 올라갔다. 당시 개들이 놀라서 공격하는 것도 잊어버릴 정도였다.

이는 원숭이조차도 태생적으로 소리를 듣고 이해하는 유전자를 가지고 있으며, 그것이 인류에 비해 크게 발달해 살아남았다는 하나의 증거로도 볼 수 있다. 이런 놀라운 지점들이 1800년대 중반 이미 책으로 기록되어 있다는 사실이 놀라울 따름이다. 우리가 현재 최초라고 발표하는 것들의 상당수는 이미 누군가의 산물임을 간과하지 말아야 한다.

이렇게 인간이 수백만 년간 기록한 고증과 연구를 살펴보면 오로지 힘과 식량만으로는 살아남기 어려웠겠다는 생각이 든다. 기존 역사책에서 왜 이토록 음악을 얕게 다루었는지 알 수 없지만 지금부터는 상상의 나래를 조금 더 멀리 내밀어보자. 음악의 위용으로 그 이상의 세계를 제압할 수 있다.

미국의 음악인류학자 대니얼 레비틴은 책《호모 무지쿠스》에서 소리를 이용해 점차 영역을 넓혀가는 한 종족을 흥미롭게 묘사했다.

머리바람 부족은 저녁 식사를 함께 배불리 먹고 모닥불 주위에서 한바탕 춤을 춘 후 잠이 들었다. 그런데 동이 트는 어느 새벽, 천둥이 치고 돌이 굴러가는 듯한 소리에 놀라 잠이 깼다. 상황을 보니 인근 부족의 공격 같았다. 처음 들어보는 광대하고 위협적인 북소리에 가족, 친지, 전사들조차 전의를 상실하고 말았다. 이 북소리는 똑똑한 인근 부족의 일원이 우연히 발견한 것이었다. 적들의 단결을 무너뜨리고 무력화시키며 같은 종족에게 힘을 불어넣는 소리였다.

역사 속에서도 유사한 사례가 있다. 유대 경전 '미드라시'에 따르면 히브리인과 가나안인의 전투에서 여리고의 성벽을 무너뜨린 것은 모세의 후계자인 여호수아가 아닌 여호수아군의 북소리였다는 것이다. 북소리에 겁을 먹은 백성들이 살아남기 위해 침략자들에게 자진해서 문을 열었다.

사실이건 아니건 지금까지의 이야기는 중요치 않다. 어쩌면 우리는 당연한 것으로 치부해 관심조차 가지지 않았던 '소리'에서 인류의 생존 실마리를 찾은 것일 수도 있기 때문이다. 잘 듣는 자가 살아남았을 뿐만 아니라, 소리를 무기로 활용한 이들이 다른 부족을 점령하고 전쟁에서도 승리했다. 즉 소리로 상대를 제압한 것도 모자라 제대로 권력의 맛을 본 것이다.

사람의 두 다리에서 시작된 멜로디 발생설

세상에 음악이 없다고 가정해보자. 당신이 한 잔의 커피를 마실 때도, 꽉 막힌 도로를 장시간 운전할 때도, 열렬히 야구를 응원할 때도 소리는 없다.

어떻게 음악이 없는 세상을 상상이나 할 수 있을까? 한 조사에 따르면 사람들이 음악에 노출되는 시간은 과거에 비해 더 늘어났다. 유튜브, OTT 등 무료로 음악을 들을 수 있는 미디어가 많아졌기 때문인데, 반면 음악을 과거처럼 진지하게 듣는 사람들의 수는 줄었다. 그러나 음악은 세상이 변했다고 순순히 사라질 존재가 아니다. 오랫동안 우리의 지루한 시간을 즐겁게 달래주는가 하면, 헤어진 애인과의 추억을 착실히 위로해왔다.

음악은 무엇일까? 음악이 소리인가? 아니면 소리가 음악인가? 사실 이 부분은 인간이 두 귀로 듣고 아름다움, 즉 미(美)를 느낄 수 있느냐에 달려 있다. 북소리로 상대 부족을 제압한 초기 인류에게도 음악을 듣는 순간은 있었다. 누군가의 연주나 노래를 듣고 감명받거나 삶과 밀접한 관련을 갖는 시기 말이다. 이때 귀가 발달해 있는 영민한 누군가는 소리가 아닌 음악이 사람들에게 눈물을 흘리게 하고 동질감과 유대감을 불러일으킨다는 점을 알아차렸을 것이다.

미국의 고고학자 스티븐 미슨은 책 《노래하는 네안데르탈인》에서 초기 인류가 직립보행을 통해 음악을 발견했다고 주장한다. 흥미로운 사실은 그가 심각한 음치라는 점이다. 음치는 음의 고저나 리듬을 인지하는 데 상당한 어려움이 있는 사람을 의미하는데, 그런 그가 음치라는 핸디캡을 극복하고 음정, 리듬, 노래의 탄생을 증명했다는 것은 찬사받을 만하다.

그렇다면 인간은 어떻게 소리에서 아름다움을 발견했을까? 스티븐은 여러 학자의 주장을 종합해 몇 가지 그럴듯한 가설을 내놓는다.

우선 인간이 직립보행을 하며 두뇌가 발달했고, 더불어 겪은 해부학적 변화가 후두라는 것이다. 인간의 후두는 침팬지보다 낮은 위치에 있는데 그로 말미암아 훨씬 폭넓은 소리를 만들어낼 수 있었다. 또한 성대를 닫아 공기를 모았다가 다시 열어 소리를 내는 밸브 구조로 발성에 유리했다.

더 나아가 스티븐은 성 선택 과정에서도 음악의 기원을 찾는다. 그는 "인간의 조상은 남성이든 여성이든 분명한 언어로 사랑을 말하기 이전에 멜로디와 리듬으로 서로를 매혹시켰다"는 다윈의 말을 인용했다. 번식을 위해 소리를 발현하는 동물 못지않게 인간도 구애에 시간과 에너지를 들여 노래를 발전시켰다는 것이다.

우리가 열정적으로 사랑을 하며 내는 묘한 신음소리도 어쩌면 진화 과정에서 누군가에 의해 발견되고 전수된 것인지도 모른다. 노래로 성을 택하는 것에 관한 동물연구도 상당 부분 존재한다.

한 예로 노래하는 새를 다룬 흥미로운 저서가 있다. 미국에서 수십 년간 새를 연구한 철학교수 데이비드 로텐버그라는 사람의 이야기다. 그는 흰웃는지빠귀의 노랫소리에 매료된 나머지 피츠버그에 있는 국립조류동물원에서 새들과 협연을 시도했다. 그리고 그의 책 《새는 왜 노래하는가?》에서 새가 노래하는 이유는 암컷을 유인하기 위해서라고 밝혔다. 하지만 그런 단순하고 고리타분한 주장을 하려고 책을 내지는 않았을 것이다. 그저 인간은 새소리에 위로와 영감을 받아 멜로디를 만들어왔을 뿐이다. 그는 마침내 새소리를 악보로 만들기에 이른다. 채보된 악보를 들여다보고 있으면 새가 인간을 모방한 것인지, 인간이 새를 모방한 것인지 의문마저 들게 한다.

한편 미국의 신경생물학자 마크 챈기지는 책 《자연모방》에서 "언어와 음악은 자연을 모방한다"는 대전제하에 주장을 이어나간다. 음악이 우리 삶에 어떻게 들어왔는가에 대한 그의 슬로건은 단 하나의 진실만을 가리키고 있다. 음악이 마음을 움직이는 이유는 곧, "움직이는 것처럼 소리 나기 때문"이라는 것이다.

마크 챈기지는 특히 인간의 걸음걸이에 주목했다. 그것은 곧 리듬을 타는 것을 의미하는데 이는 박자가 모인 것이다. 그는 인간이 걷는 속도와 일치하는 1~2초의 박자감에 주목했다.

마크 챈기지의 주장을 짧게 요약하면 이렇다. 클래식 음악 10,000곡의 데이터베이스를 실험한 결과, 인간이 걸을 때 내는 팔다리의 접촉음이 현대의 박자 리듬과 상당히 유사하다는 점이다. 즉 음악은 인간의 걸음, 호흡, 웃음, 울음 등 박자가 살아 있는 것들에서 영향을 받아 탄생했다. 이것은 자연스럽게 춤과도 연결된다. 초기 인간이 노래를 부르며 춤을 춘 이유는 바로 위에 언급했듯이 "움직이는 것처럼 소리 나기 때문"이라는 것이다.

이제 대략은 수긍이 간다. 고도로 발달된 청력을 가진 인간이 걸음걸이에 따라 리듬을 타며 음악을 듣게 되었다는 것을. 그리고 노래를 함께 부르며 성 선택과 동질감, 연대감을 배웠다. 그러면서 점차 미(美)라는 것을 깨달았다. 상당히 일리 있는 학문적 추정이 아닐 수 없다.

하지만 우리의 질문은 여기서 끝나지 않는다. 그렇다면 "최초의 음악은 대체 뭐지?", "인류가 가장 먼저 불렀던 노래는 뭐야?"라는 질문이 남아 있다. 사실 우리가 정말 궁금한 것은 거두절미하고 그런 노래를 직접 들어보는 일이 아닌가?

하지만 답을 아는 사람은 아무도 없다. 다만 우리가 듣고 있는 민요를 통해 어렴풋이 흔적을 더듬어볼 수 있을 뿐이다. 그 좋은 예가 1970년대 히트한 버블껌의 '연가'라는 노래다. "비바람이 치던 바다 잔잔해져 오면"으로 시작하는 이 노래는 대한민국 국민이라면 누구나 한 번쯤은 들어보았을 것이다. 이 노래는 뉴질랜드 원주민 마오리족의 '포카레카레아나'가 원곡으로 알려져 있다. 원주민의 노래라면 아마도 아주 먼 조상을 통해 오랫동안 전해져 온 것으로 추정해볼 수 있으리라. 그래서인지 이 곡은 우리의 입과 귀에 잘 달라붙는다. 그래서일까? 영화 '국가대표'에서도 색다른 버전의 곡이 등장했다.

하지만 이 정도로는 멈출 수 없다. 역사의 흔적을 통해 음악이 탄생했던 순간과 승리자들이 좋아했던 노래를 들어봐야만 한다. 그러니 이제는 조금 더 명확한 기록이 있는 중세 시대로 넘어가보도록 하자.

탐욕스러운 천사 음성의 시대

종교에서도 음악과 소리는 중요한 역할을 한다. 기독교의 찬송가나 가톨릭 성가 등 대부분의 종교에는 각자 신에게 바치는 음악이 존재한다. 가령 성당에서 반주 없이 부르는 '그레고리안 성가'를 듣고 있으면 마치 심판의 날이 온 것만 같은 느낌을 받는다. 노래가 들리는 순간만큼은 모두가 경건함에 빠져들 정도다.

중세 이탈리아에는 이런 음악의 위력을 적극 활용한 가문이 있었다. 잠시 본격적인 이야기를 하기에 앞서 가정을 하나 해보자. 만약 지구상에 성가나 찬송가가 없다면? 오늘날처럼 종교가 강력한 연대를 형성할 수 있었을까?

사람들은 현대를 가리켜 '과학의 시대'라 부른다. 과학적으로 증명할 수 없는 것들은 모두 미신으로 치부해버리는 것이다. 사주팔자가 좋은 예이다. 하지만 주말마다 예배당으로 향하는 인구수를 보면 과학의 시대라는 말도 틀린 것 같다. 천당과 지옥, 성경의 일화처럼 보이지 않는 것을 믿는 인간을 오늘날의 과학으로 어떻게 설명할 수 있을까? 하지만 여기서 한 가지 확실한 것은 기독교가 전 세계로 확장해가는 과정에 메디치 가문이 있었고, 그들이 부와 권력을 유지하기 위해 교회와 음악에 적극 투자했다는 사실이다.

결론부터 이야기하면 메디치가는 원하는 것을 얻기 위해 종교와 음악을 아주 잘 간파하고 활용한 집안이었다. 이탈리아 명문의 상징, 메디치가. 과연 그들은 어떻게 보이지 않는 종교와 음악에 막대한 투자를 결심하게 된 것일까.

메디치가는 14~17세기 중세 르네상스 시대에 이탈리아 피렌체를 중심으로 활동했던 가문이었다. 초기에는 평범한 중산층 가정으로 양모업에 종사했다. 그러다 '피사의 사탑'으로 잘 알려진 항구도시 피사에서 영국을 상대로 무역업을 펼쳐 부를 축적하기 시작했다.

메디치가는 이후 양모업에서 번 돈으로 새로운 사업에 뛰어들었다. 바로 은행이었다. 거부들이 재벌이 되는 과정에서 한 번쯤 거치는 곳이 바로 은행과 보험업이다. 메디치가 역시 상인이자 정치가였던 조반니 디 비치(1360~1429) 때 메디치 은행을 설립하고 고리대금업으로 부자가 되었다. 이후 메디치가는 은행과 양모업에서 벌어들인 돈과 권력으로 문화, 예술 전반에 투자를 시작했다. 그뿐 아니라 교황을 배출하면서 정치와 경제 모든 분야에서 최고의 가문으로 자리매김할 수 있었다.

그 후 메디치가는 조반니 디 비치의 증손자인 로렌초 데 메디치(1449~1492)가 가문을 이어받으며 또 한 번의 급성장을 이

룩했다. 로렌초는 여러 가지 음모와 사건 등 난관에 부딪혔지만, 상당한 정치력으로 이를 해결해 '위대한 로렌초'라는 칭호까지 얻는다. 그는 피렌체에서 열린 축제에도 상당한 관심으로 음악에 후원을 아끼지 않았다. 특히 4월의 카니발, 5월의 카렌디마지오, 6월의 산 조반니 축제에 아낌없이 투자했다.

여기서 축제 하면 빠질 수 없는 것이 음악이다. 일반 사람들도 참여하는 행사인 만큼 교회음악 못지않게 민속음악도 중요했다. 당시 민속음악은 피렌체 서민들의 삶을 투영한 것으로 풍자적이거나 외설스러운 내용이 포함되어 있었다. 당시 로렌초는 축제 음악이 발전할 수 있도록 직접 지휘를 했는데 그때 쓴 가사가 현재도 있다는 점에서 남다른 그의 애정을 느낄 수 있다.

과연 로렌초는 어떻게 '위대한'이라는 칭호를 받게 된 것일까? 그는 집안 대대로 쌓은 부를 유지하기 위해 정치 권력에 손을 뻗은 인물이었다. 중세 시대의 최고 권력자는 교황과 황제. 로렌초는 이들 선택지 가운데 접근성이 높은 교황을 택했다.

로렌초는 후계자를 고르던 중 둘째 아들 조반니에게서 가능성을 확인했다. 그리고 어린 시절부터 기독교단에 들어가

이탈리아 르네상스의 황금시대를 이끈 위대한 로렌초. 당대 최고의 예술가들이 그의 후원을 받기 위해 몰려들었다.

착실히 경력을 쌓도록 했다. 또한 교회음악이 사람들을 모으고 권력을 유지하는 데 효과적이라는 사실을 가르쳐주었다. 결국 조반니는 로렌초의 바람대로 1512년 교황 레오 10세로 선출되었다.

레오 10세는 부임 후, 곧바로 교회음악을 개혁했다. 우선 인재를 모으는 것이 급선무였다. 그 방편으로 교황의 관저가 있는 바티칸 시스티나 성당 음악가들의 월급을 최고 수준으로 올려놓았다. 그 덕택에 르네상스 시대를 대표하는 음악가들이 몰려들기 시작했고, 교회음악이 급속도로 발전하는 결정적인 계기가 되었다.

교회음악의 역사를 보면 성가를 빼놓을 수 없다. 특히 로마 가톨릭의 '그레고리안 성가'를 채보한 것이 현재까지 남아 있을 정도다. 당시에는 무반주의 경건한 합창이었는데도 그 성스러움이 놀라움을 금치 못할 수준이다. 또 르네상스 시기에는 미사 음악과 성악곡의 하나인 모테트가 발전했는데, 이것은 레오 10세의 상당한 후원이 영향을 미친 것으로 알려져 있다.

심지어 레오 10세는 르네상스가 배출한 가장 위대한 작곡가로 평가받는 죠스캥의 열렬한 후원자였다. 그가 만든 미사

곡 '입들아 노래하라'는 바티칸 도서관에 지금도 필사본으로 보관되어 있다. 미사의 기초가 된 음악으로 천주교 신자라면 한 번쯤 들어봤을 것이다. 오늘날처럼 복잡한 인간사에서 삶을 정화하는 신성한 종교음악이 자본가의 취향에 의해 이어지고 있다는 사실은 매우 놀라운 일이 아닐 수 없다.

여기서 잠시 생각이 필요하다. 메디치가의 위대한 로렌초와 그의 아들 조반니가 막대한 부를 활용해 교황이 된 것은 과연 우연이었을까? 또 교회음악을 적극적으로 발전시킨 것은 단순한 음악적 취향 때문이었을까?

중산층 가정에서 양모업과 고리대금업으로 가세를 잡은 그들은 재산을 형성하고 유지하는 과정에서 그 노하우를 후손에게 끊임없이 전수하고자 노력했다. 그래서 가장 확실한 방법으로 당시 권력의 핵인 종교를 장악한 것이다. 또 그 세력을 확장하는 강력한 힘이 성가에 있다고 믿었다.

르네상스가 허락한 최초의 마약, '오페라와 피아노'

이번에는 본론으로 들어가 메디치가의 후원으로 탄생한 오페라와 악기들을 살펴보자. 오페라는 이탈리아에서 탄생해 지금까지도 많은 사람이 즐기는 클래식 장르다.

조반니 디 비치의 아들이자 위대한 로렌초의 조부인 코시모 메디치는 플라톤 아카데미를 설립해 고대 그리스의 철학과 예술을 연구했다. 이때 메디치가의 행사를 위해 발전한 음악이 바로 '인터미디오'다. 합창, 기악, 발레 등이 함께 이루어진 일종의 막간극인데, 훗날 오페라의 탄생 기원이 되었다. 그리스 로마 신화를 기초로 한 이야기가 주류를 이루었으며 가문의 영향력 확대를 위해 연주되곤 했다. 예를 들면 가문의 결혼식 당일 쉽게 들을 수 있었다. 춤, 노래, 연극이 곁들여진 오늘날의 오페라를 상상하면 쉽게 이해가 갈 것이다.

물론 오늘날에도 오페라의 탄생에 관한 갖가지 설이 난무하고 있다. 그중 하나가 바로 1600년에 발표되어 최초의 오페라로 알려진 '에우리디체'이다. 작곡가 자코포 코르시가 만든 이 곡은 프랑스 왕인 앙리 4세의 결혼식을 위해 만들어진 것으로 그리스 로마 신화의 주인공 오르페우스와 에우리디체의 이야기를 다루고 있다.

제우스와 칼리오페의 아들 오르페우스는 에우리디체와 결

혼할 예정이었다. 그런데 그만 결혼식 당일 에우리디체가 뱀에 물려 지하세계로 가버리고 만다. 그러자 오르페우스는 쫓아가 뛰어난 음악 연주실력으로 저승의 망령들을 감동시킨다. 결국 아내를 데려올 수 있었는데 딱 하나 조건이 존재했다. 바로 집에 도착하는 순간까지 뒤를 돌아봐서는 안 된다는 것이었다. 하지만 도착하기 직전 오르페우스는 뒤를 돌아보고 말았고, 에우리디체는 다시 지하세계로 떨어지며 이야기가 끝이 난다.

에우리디체의 이야기는 훗날 수많은 오페라와 영화로 재탄생되었다. 1609년 탄생한 몬테베르디의 오페라 '오르페오'를 시작으로 영화 '흑인 오르페'가 이 신화를 기반으로 하고 있다.

현대인들이 오페라를 어떤 형태로 즐기고 있는지는 상관없다. 중요한 것은 메디치가가 자신들의 영향력을 과시하기 위해 인터미디오의 발전을 지원하지 않았다면 오늘날 우리는 클래식의 꽃이라 할 수 있는 오페라를 보지 못했을 거라는 사실이다. 그 경우를 미루어 상상해본다면 그들의 존재감을 인정하지 않을 수 없다.

다음으로는 이런 추정도 가능해진다. 메디치가가 음악에

지대한 관심을 가지고 있었다면, 분명 악기도 소유하고 있었으리라는 사실 말이다. 과거나 지금이나 악기를 만드는 일은 쉬운 일이 아니다. 따라서 매우 고가에 거래되었으므로 부자들만이 소유할 수 있었다.

《이탈리아 메디치 가문이 남긴 음악적 유산》이라는 책에 따르면 메디치 가문이 남긴 재산목록에 다수의 미술품과 악기들이 존재한다. 당시 이들이 소장한 악기는 오르간, 하프시코드, 비올라, 하프, 류트, 기타론 등이었는데, 이중 하프시코드를 가장 많이 소유하고 있었다. 실제 메디치가는 16세기 후반부터 건반악기 제작을 적극적으로 후원했다.

우선 메디치가의 의뢰로 오르간이 제작된 기록이 있다. 이후 음악에 정통한 지식과 감성을 가진 페르난도 드 메디치가 스스로 하프를 연주했고, 악기 개량과 개발에 후원을 아끼지 않았다. 그가 여러 장인에게 악기를 의뢰한 기록도 있었다. 이탈리아의 현악기 장인 스트라디바리는 페르난도를 위해 1690년 첼로와 테너 비올라, 1716년 바이올린을 제작했다.

또한 메디치가의 악기 관리인 크리스토포리는 오늘날 건반악기 발전에 이바지한 인물로 평가받는다. 그는 메디치가의 악기 관리와 주문을 담당하면서 피아노의 조상 격이라 불리는 하프시코드의 개량에 혼신을 다했다. 그는 메디치가를 위해 다수의 하프시코드를 만들었는데 소장품 목록에는 다양한 형태의 건반악기를 만들었다는 기록이 있다. 페르난도의 자금지원이 없었다면 불가능한 업적이었을 것이다.

여기서 그가 만든 결과물 중에 눈여겨볼 악기가 있다. 바로 오늘날 피아노라 불리는 해머형 건반의 발명이다. 기존의 하프시코드는 건반에 연결된 플렉트럼(현악기의 줄을 튀기는 데 쓰이는 채)이 소리로 강약을 표시할 수 없는 것이 단점이었다. 그런데 크리스토포리는 드디어 1700년, 거듭된 연구 끝에 모든 음에서 강약을 낼 수 있는 하프시코드를 발명했다.

이 하프시코드는 후에 피아노포르테로 명명되었다가 오늘날 피아노라고 불리게 되었다. 악보 기호 피아노포르테의 어원이 피아노(piano, 여린)와 포르테(forte, 강하게)인 것도 이 같은 까닭이다. 이 시기 크리스토포리는 3대의 피아노포르테를 만들었다. 그리고 무언가에 흠뻑 빠지게 되면 새로운 세계가 열릴 수 있다는 놀라운 기적을 보여주었다.

고대 귀족들은 왜 작곡가를 매수했을까?

노래에도 생명이 있다. 우리나라의 케이팝이 세계적으로 성공을 거두고 있지만 아쉽게도 영향력을 끼치는 정도에 비해 생명력은 짧은 편이다. 히트와 동시에 불이 붙지만 2~3개월이면 잊히는 것이 대다수다. 모두가 방탄소년단과 블랙핑크를 꿈꾸지만 누구에게나 부와 명예의 기회가 주어지지는 않는다.

그렇다면 세계를 통틀어 가장 오랫동안 연주되고 불리는 곡은 무엇일까? 보통은 비틀즈나 마이클 잭슨 같은 대형스타를 떠올리겠지만 아마 현존하는 가장 오래된 인기곡은 모차르트, 베토벤 같은 클래식 작곡가들의 음악일 것이다. 그리고 이들이 만든 멜로디는 뛰어난 음악가들이 다시 재해석해 연주하는 것뿐 아니라, 팝이나 가요에서 지속적으로 샘플링되고 있다.

그런데 흥미로운 사실은 이들 작곡가가 과거 귀족과 교회의 후원으로 곡을 만들어 생계를 유지했다는 점이다. 헨델이 영국 왕 조지 1세의 노여움을 달랬던 행동만 보아도 그렇다. 1717년 7월 17일 런던 템즈강에서 그가 국왕의 배 근처를 돌며 '수상음악'을 연주했을 때 왜 돈 많은 왕족이나 귀족들이 음악을 함께 들으려 했는지 궁금해지지 않을 수 없다.

사실 근대 귀족들은 사교모임이 하나의 업무였다. 이때 음악을 이용한 재미난 기록들이 발견되었다. 우리에게 알려진 클래식의 역사가 사실인지 강한 의문을 품은 나머지 베토벤의 초상화를 근거로 그가 실제 명성보다 부풀려졌다고 주장하는 작가가 있을 정도다. 일본 작가 와타나베 히로시는 책 《청중의 탄생》에서 이 같은 18세기 유럽 사회를 흥미롭게 기술했다.

귀족들은 음악회에서 곡을 연주하는 동안 술과 담배를 즐길 수 있었다. 뿐만 아니라 반려동물도 함께 들어갈 수 있었다. 심지어 1798년 라이하르트가 주재한 연주회에서는 성악곡을 제대로 들을 수 없어 가사가 적힌 인쇄물을 배포하기도 했다.

그렇다면 귀족들은 왜 사비를 들여가면서까지 음악가들을 적극 후원하며 음악을 들었을까? 아마도 멋진 연주에서 드러나는 주최자의 권위와 함께 들었을 때 일어나는 공통의 유대감이 만족스러웠던 것은 아닐까 싶다.

하지만 귀족들의 사교모임은 오래가지 못했다. 18세기 시

민혁명이 일어나며 신흥 부자인 부르주아가 음악을 향유하는 새로운 계급으로 떠올랐다. 그러자 부르주아는 귀족들과 차별화하기 위해 오늘날과 같은 공연 문화를 탄생시켰다.

지금은 콘서트나 뮤지컬을 보러 가면 옆 사람도 보이지 않는 컴컴한 곳에서 공연을 시작한다. 또한 연주자를 방해하면 안 된다는 침묵의 문화가 깔려 있다. 당연하게 받아들여지는 이 공연장 문화는 근대까지는 존재하지 않았다. 그저 부르주아가 귀족과 뭔가 달라 보이기 위해 근대 이후에 만들었다는 사실이 놀라울 따름이다.

첫 장을 마무리하며 꼭 짚고 넘어갈 부분이 있다. 선사시대의 부족이든, 중세의 교황이든, 근대의 귀족이나 부르주아든 그들 모두가 부와 권력을 위해 음악을 적극적으로 사용했다는 사실이다.

즉, 앞에서 지속적으로 내세웠던 가정, "음악이 없었더라면…" 인류의 생존, 부의 역사는 전혀 다른 방향으로 흘러갔을 것이다. 하지만 그런 일은 일어나지 않았다. 이는 결국 하나가 아닌 두 개의 귀로 더 많이 들으라는 신의 계시는 아니었을까.

02

집중력을 부르는 멜로디

세계 명품 역사를 뒤집은 위대한 연주, 클래식

"무언無言의 웅장한 감동은
흐르는 모든 신경을 집중시켜
영원한 성공의 길로 이끌어준다."

크리스찬 디올은 뉴욕의 택시 안에서 탄생했다?

"한국 사람들이 가장 좋아하는 명품백은 뭘까요?" 명품에 관심 있는 사람들에게 이 같은 질문을 했다면 아마 각자의 취향대로 서로 다른 답이 돌아오겠지만, 관심이 전혀 없는 사람들에게 질문했다면 가장 많이 돌아올 대답 중에 하나가 바로 '루이비통'일 것이다.

   이번에는 다른 질문을 해보자. 여러분은 루이비통에 대해 얼마나 알고 있는가? 만약 베르나르 아르노와 그의 브랜드 중 서너 개를 알고 있다면 이 장은 그냥 지나쳐도 좋겠다. 하지만 그게 아니라면 루이비통모에헤네시LVMH 그룹의 이야기 정도는 알아두면 도움이 될 것이다.

코로나19 이후 명품시장은 팬데믹 이전 수준을 완전히 회복했는데, 그중 매출 1위를 차지한 기업이 바로 프랑스의 LVMH였다. 루이비통, 지방시, 크리스찬 디올, 까르띠에, 셀린느. 백화점이나 면세점에서 한 번쯤 들어본 패션, 시계, 코냑, 와인, 샴페인 브랜드가 바로 베르나르 아르노 회장이 이끄는 세계적인 명품기업 LVMH의 계열사다. 보통 프랑스와 이탈리아의 유명 옷이나 가방, 구두 등은 장인 가문에서 세대를 걸쳐 이끌어간다고 인지하는 경우가 많다. 그러나 베르나르 아르노 회장은 이러한 장인전통에 도전장을 던지고 기업 인수를 통해 거대 명품제국을 구축한 유례없는 인물로 평가받고 있다. 하지만 그가 어떤 인물인지는 의외로 사람들이 잘 모르는 경우가 많다. 더군다나 세계 최고의 럭셔리 인생으로 등극한 그의 이면에 숨겨진 음악 이야기를 듣는다면 더욱 고개를 갸웃하게 될 것이다. 과연 베르나르 아르노는 어떻게 유명 패션 브랜드들을 한꺼번에 소유할 수 있었을까?

베르나르 아르노는 1949년 프랑스 북부에 위치한 루베에

'캐시미어를 두른 늑대'라고 불리는 클래식 피아니스트이자 프랑스의 억만장자 베르나르 아르노.

서 태어났다. 건축회사를 경영하는 부모님 덕에 부유한 어린 시절을 보낼 수 있었던 그는 어려서부터 피아노를 배우며 자랐고, 헝가리의 피아니스트 조르주 치프라를 동경했다. 특히 치프라의 공연을 본 후 그의 연주에 깊은 감명을 받았다. 아르노는 치프라가 고난이도 곡으로 알려진 리스트의 '라 캄파넬라'를 연주할 때 환상을 느끼기까지 했다.

하지만 아르노는 학창시절 공부와 피아노를 병행하는 과정에서 피아니스트보다 과학과 수학에 소질이 있다는 사실을 깨달았다. 그렇게 그는 1971년 엘리트를 양성하는 공과대학교 에꼴 폴리테크닉에 입학해 공학 전문가로 자랐다. 졸업생들은 대부분 국립행정학교를 거쳐 고위관료가 되는 것이 정해진 진로였다. 하지만 아르노는 고위공무원이라는 진부하고 따분한 미래에 매력을 느끼지 못했다. 오히려 마음속에는 페라리로 유명한 피아트그룹의 회장같이 세계적 명성을 자랑하는 사업가로서의 꿈을 키워가고 있었다.

아르노는 대학 졸업 후 부친이 운영하는 건설회사에 다니며 경험을 쌓다가, 20대 막바지에 후계자 수업을 받으며 자연스레 사업을 물려받았다. 그는 전공을 살려 일찍이 기업을 운영하는 방법을 터득하던 중 1984년 뉴욕으로 출장을 떠나게 된다. 아르노는 뉴욕 땅을 밟자마자 택시를 잡아타고 운전기사와 이런저런 얘기를 나누던 중 호기심에 프랑스에 대해 무엇을 알고 있냐고 물어보았다. 그러자 운전기사는 이렇게 답했다.

"프랑스 대통령은 모르지만 크리스찬 디올은 알죠."

아르노는 택시기사의 답을 듣고 묘한 감정에 휩싸였다. 프랑스에 대한 상식이 대통령도 아니고, 루브르 박물관도 아니고, 피카소도 아닌, 명품 크리스찬 디올이라니 도저히 믿기지 않았다.

아르노는 건설업을 이어받기 위해 뉴욕에 방문했지만 문득 가슴속 한편에서 끓어오르는 무언가를 느꼈다. 그것은 어린 시절 쉬지 않고 피아노를 치던 기억, 라 캄파넬라를 들으며 받았던 예술에 대한 목마름이었다. 하지만 피아니스트가 되기 위해 이제 와 다시 돌아갈 수는 없었다. 그 순간 그는 예술과 자본주의가 만난 명품산업의 한 장면을 떠올렸다. 뉴욕의 택시기사마저 알고 있다면 그것은 진정한 트렌드의 정점일 수 있었다.

귀르가즘이 75개 브랜드를 보유한 명품그룹 LVMH에 미친 영향

이국땅에서 만난 택시기사가 흘린 한마디에 진로를 바꾼 아르노 회장. 그는 어떻게 오늘날 거대한 명품제국을 일으킬 수 있었을까? 그것이 음악과 무슨 관계란 말인가! 아르노가 언론과 나눈 인터뷰가 여기 있다.

> 마티스, 피카소, 디뷔페, 워홀, 로스코, 바스키아, 재스퍼 존스 등 인상파 초기부터 현대회화에 이르기까지 관심을 가지고 있습니다. 하지만 피카소보다는 모차르트에게 더 열광하지요.
> 음악이야말로 평범함을 완전히 뛰어넘는 예외적인 자질을 요구하는 예술입니다. 세계적으로 유명해진 작곡가들은 실제로 화가들보다 그 수가 훨씬 적지요.
> 우리는 음악가에게서 천재에 기인하는 예외적인 두뇌활동을 확인할 수 있습니다. 그건 마치 수학자에게서나 볼 수 있는 그런 두뇌활동과 유사합니다. 아시다시피 나도 과학자로서 교육을 받은 몸입니다. 그리고 아직도 아인슈타인을 20세기의 진정한 천재로 우러러보고 있지요. 나는 피카소

와 아인슈타인보다는 모차르트와 아인슈타인이 더 유사하다고 나름대로 생각해봅니다. 그렇다고 해서 당대 최고의 화가 피카소에 대한 나의 찬양이 수그러드는 건 아니지만요. 다만 그리 대단한 재능은 없어도 웬만큼 그림을 그리는 사람이 있는가 하면, 예컨대 베토벤 피아노 소나타를 연주한다던가, 나아가 교향곡을 작곡하는 일은 오랜 준비와 훈련을 거치지 않고는 불가능하다는 사실이 중요합니다.

《나는 내 꿈에 뒤진 적이 없다》, 베르나르 아르노

예술의 나라 프랑스에서 자란 아르노는 오랜 기간 피나는 연습이 있어야만 무대에 설 수 있는 음악에서 인생 철학을 배웠을 것이다. 즉 집중적이고 반복적인 연습을 통해 온몸이 멜로디를 기억하는 순간까지 참고 견뎌야 훌륭한 결과물을 얻을 수 있다는 사실을 말이다.

심지어 아르노는 아인슈타인을 언급하며 이렇게까지 말했다. "음악가에게는 천재에 기인하는 예외적인 두뇌활동을 확인할 수 있다." 그만큼 음악이라는 분야를 통해 뇌가 발달한다는 확신을 가졌던 것으로 볼 수 있다. 정말 음악을 듣거나 연주만 해도 뇌가 좋아질까? 그 과학적 검증은 잠시 뒤로하고 일단은 아르노가 어떻게 명품제국을 넓혀나갔는지부터 살펴보자.

아르노는 프랑스로 돌아와 택시기사의 말대로 크리스챤 디올을 본격적으로 분석했다. 그런데 예상외로 크리스챤 디올의 모기업인 부삭그룹이 재정적인 어려움에 처해 있다는 사실을 알게 되었다. 부삭은 소생이 거의 불가능한 부도 직전의 상태였다.

아르노는 이때다 싶었다. 자본금 1억 프랑(1,250억 원)으로 부삭그룹을 인수한 후 신속하게 부실한 사업들을 정리했다. 그리고 실타래처럼 엮인 유사 브랜드를 사들이기 시작해 그 가치를 높여나가기 시작했다. 몇 줄의 문장으로 표현했지만 건설업자에게는 사실 도박 같은 일이었다. 그러다 보니 당연히 주위에 반대가 잇따랐다.

초기에 임원들에게 디올이 아닌 부삭그룹 전체를 인수하려 한다는 아이디어를 꺼내자 사업 파트너 미셸 르페브르는 "베르나르 아르노가 이제 돌았구나"라고 말하기도 했다. 물론 혀를 차던 그도 아르노의 치밀함과 계획성을 확인한 후에는 누구보다 열성적으로 인수작업에 참여해주었다. 뿐만 아니라 패션기업 루이비통과 샴페인 브랜드 모엣&샹동이 결합하는 과정도 쉽지 않았다.

당시 아르노는 파산 지경의 기업을 사 모으기 시작했다. 세상에서 결코 무시할 수 없는 주요 주주로 떠올랐을 때, 모엣 헤네시 출신의 슈발리에 회장과 루이비통의 대표 라카미에가 감정적으로 반목하는 일까지 벌어졌다. 하지만 법정 공방 끝에 기업이 하나의 방향으로 매듭지어지면서 아르노가 지휘하는 LVMH의 출범을 공식적으로 알릴 수 있었다. 아마도 클래식으로 단련된 집중과 끈기의 철학이 그를 도왔던 것은 아니었을까?

하지만 행운의 여신이 늘 곁에 있지는 않았다. 그가 새 기업의 출범과 동시에 "이제 세계 최고의 명품기업이 되는 거야"라고 외쳤을 때 임원들 대부분이 부정적인 반응을 보였다. 그때만 해도 럭셔리 브랜드를 가치 있게 바라보지 않던 시절이기 때문이었다.

아르노는 이 상황을 역으로 생각했다. 이름 자체가 자산인 브랜드를 시발점으로 잠재력을 통해 거대한 기업을 만들 수 있다고 생각한 것이다. 물론 상상조차 쉽지 않은 어마무시한 인수합병 작업은 혼자 할 수 없었기에 여러 금융전문가와 허심탄회하게 상의해 자금지원을 받을 수 있었다. 결국, 아르노는 LVMH를 1987년 출범 이래, 약 75개 브랜드에 60여 개의 자회사를 둔 대기업으로 탈바꿈시켰다. 또 여기서 그치지 않고 약 2,720억 유로(약 367조 9,000억 원)의 시가총액을 자랑하는 거대기업으로 성장시켰다.

피아노 중독자 '아르노', 뜨거운 사생활이 성공의 불씨로

그렇다면 LVMH는 음악과 어떤 관계가 있을까? 앞에서 소개했듯이 아르노에게 음악은 미래를 생각할 만큼 중요했지만 여건상 포기할 수밖에 없었다. 그는 어린 시절의 환상을 버리지 않고 자신의 사업에 음악을 적극 활용하면서 위상을 드높인 인물이었기에 특히 눈여겨볼 가치가 있다.

우선 아르노는 기업을 운영하는 것은 손익계산, 소득향상, 주식의 향방을 토대로 하는 부의 창출에 있다고 믿었다. 하지만 그것만으로 충분하지 않다고 보았다. 오히려 전통에 뿌리를 두는 높은 격조, 창조성, 장인정신에 초점을 맞추었다. 특히 사회와 국가 속에 뿌리내리기 위해서는 나라와 국민의 번영은 불가분의 관계이고, 공공복리를 정부의 몫으로만 돌릴 것이 아니라 기업도 상당한 책임을 지고 있다고 생각했다. LVMH의 경우에는 문화예술을 통해 그 정신을 실현해나가기 위해 스스로 실천에 옮겼는데 이익이라는 측면은 뒤로하고 문화와 젊음이라는 두 축을 중심으로 문화예술을 향유할 수 있는 사업을 주도하고자 했다.

아르노는 특히 음악, 미술 분야에서 사회공헌에 역점을 두었다. 여기에서도 음악 분야가 두드러진다. 그는 금전적인 이유로 훌륭한 인재가 명품악기를 사용할 수 없다는 점을 안타깝게 생각했다. 그래서 LVMH가 이익을 내기 시작하자 미래의 재능 있는 음악가들에게 기회를 제공하기 위해 스트라디바리우스 같은 명품을 대여하기 시작했다. 이 사업을 추진하는 과정에서 막심 벤게로프 같은 유명 바이올리니스트가 배출되었다. 또한, 11살에서 20살에 이르는 젊은 아마추어들을 모아 최고 연주가들의 솜씨를 들을 수 있는 기회를 마련하기도 했다. 베를린필하모닉, 빈필하모닉, 마우리치오, 폴리니, 제시 노먼, 마르타 아르헤리치 같은 대가들을 초대해 직접 원포인트 레슨을 받으며 그들의 예술적 재능을 크게 발휘할 수 있도록 한 것이다.

  아르노는 사생활에서도 음악과 인연을 놓지 않았다. 그는 1989년 가을 어느 저녁 파티에서 캐나다 출신 피아니스트 헬렌 메르시에를 만나 호감을 느꼈다. 그리고 얼마 후 메르시에를 집으로 초대해 차를 마셨다. 당시 아르노는 떨리는 손으로 쇼팽을 연주했고, 호감을 느낀 두 사람은 연애 끝에 1991년 결혼에 골인했다. 이후 아르노는 부인 헬렌과 세 아들을 낳았다. 그중 알렉산더와 프레더릭은 헬렌의 지도 아래 전문 피아니스트와 견줄 정도로 뛰어난 실력을 보였다. 하지만 두 아들은 그룹경영에 참여함으로써 아마추어 연주자로 남았다.

  하지만 아르노 패밀리는 지금도 종종 패션계, 정재계 거물들을 오케스트라 연주회에 초대해 예술에 대한 LVMH의 열정이 비즈니스에 어떤 영향을 미치는지 보여주고 있다. 관련 에피소드는 여기저기서 많이 찾아볼 수 있다. 세계적인 지휘자 오자와 세이지의 초대로 아르노 부부가 일본 무대에 올랐을 때, 오자와가 관중들 앞에서 아르노를 위대한 아마추어, 부인을 위대한 피아니스트로 소개한 일도 있었다.

혹시라도 관심이 생겼다면 지금 바로 유튜브를 통해 럭셔리 그룹 가족의 빼어난 콘서트를 감상해볼 수도 있다. 가족들의 음악에 관한 관심과 열정이 LVMH의 제품에 얼마나 많은 영향을 미치고 있는지는 특별히 설명할 필요도 없을 것 같다.

주식시장의 변동성은 클래식 선율과 닮아 있다?

지금까지 유럽 명품계의 대부, 베르나로 아르노 가족의 클래식 이야기를 살펴보았다. 그러니 이번에는 클래식을 사랑한 또 한 명의 대부, 유럽 투자계의 전설로 추앙받는 앙드레 코스톨라니를 만나보자.

그는 투자가이면서도 예술을 사랑했다. 특히 음악은 그에게 평생을 투자가로 살아가는 데 마음의 평정심과 놀라운 집중력을 되찾아준 보석과도 같은 존재였다.

그는 유럽의 세계적인 투자자로 명성이 자자했는데 《돈, 뜨겁게 사랑하고 차갑게 다루어라》를 발간하며 베스트셀러 작가로 이름을 알렸다. 투자가로 명성을 얻은 만큼 클래식 애호가로도 유명했다. 음악가로 살며 부자가 될 수도 있겠으나 투자를 통해 경제적인 자유를 먼저 이루는 것이 중요하다고 설파한 인물이었다. 그는 어떻게 클래식 음악을 투자와 연결해 세계적 투자가로 우뚝 설 수 있었을까? 이제 그의 인생으로 들여다볼 차례다.

앙드레 코스톨라니는 1906년 헝가리 부다페스트의 부유한 가정에서 태어났다. 그의 부친은 영리한 사업가였고, 어머니는 음악애호가였다. 하지만 어머니는 4명의 자식에게 인생을 바치는 바람에 자신의 재능을 제대로 발휘하지 못했다. 코스톨라니는 아버지로부터는 진지한 지도자의 모습을, 어머니로부터는 쾌활한 성격과 즐거움을 물려받았다.

어머니의 예술적인 감각은 자녀에게까지 영향을 미쳤다. 코스톨라니는 부다페스트대학교에 진학해 철학과 예술사를 전공했는데 이 과정에서 피아니스트가 되어야겠다고 마음을 먹기도 했다. 하지만 예술을 하면 가난을 면치 못한다는 부친의 권유로 18세 때 파리의 증권시장으로 날아가 투자를 배우기 시작했다. 이때가 1924년이었다. 코스톨라니의 부모는 유대인이었기 때문에 제2차 세계대전 때 전 재산을 몰수당했지만, 아들에게 투자를 가르친 덕에 말년에는 스위스에서 왕족

유럽의 전설적인 투자가 앙드레 코스톨라니. 평생 음악과 투자를 오가며 예술의 삶을 불태웠다.

같은 생활을 즐길 수 있었다.

 이후 코스톨라니의 투자 공부는 뉴욕, 런던, 취리히 등지의 금융 정글에서 지속되었으며, 예술을 기반으로 한 투자 성공으로 35세의 나이에 은퇴할 수 있었다. 코스톨라니는 대학 강연가와 금융저널리스트로 유유자적 활동하며 죽을 때까지 13권의 투자서를 남겼다. 그리고 투자가들에게 사랑받는 희대의 역작 《돈, 뜨겁게 사랑하고 차갑게 다루어라》의 서문을 쓰지 못한 채 1999년 93세의 나이로 생을 마감하고야 말았다.

 그렇다면 코스톨라니는 어떻게 투자로 성공하고 그것을 음악과 예술로 연결했을까? 우선 코스톨라니는 투자가로서 돈을 좇기보다 돈의 원리를 파악한 인물이었다. 그는 돈에 대한 욕구를 기반으로 형성된 자본주의 경제체제를 매우 바람직한 사기라고 이야기했다. 또한 자본주의와 사회주의를 케이크에 비교한 것은 매우 흥미롭지 않을 수 없다.

 식탁 위에 공평하게 나누어지지 않은 케이크(자본주의)와 크기는 작지만 공평하게 나누어진 케이크(사회주의)가 있다. 만약 공평하게 나누어진 케이크 조각이 커다란 케이크의 가장 작은 조각보다 작다면 당신은 어느 체제를 택하겠냐고 질문을 던진다. 여러분은 어떤 케이크를 원하는가?

코스톨라니는 책 속에서 부자가 되는 방법을 세 가지로 분류했다. 투자를 꼭 해야 하는 이유를 유머러스하면서도 현실적으로 적은 것이다.

첫째, 부유한 배우자를 만난다.
둘째, 유망한 사업아이템을 갖는다.
셋째, 투자를 한다.

아마도 대부분은 마지막이 가장 손쉬운 방법이라고 생각했을 것이다. 그는 투자를 해야 하는 이유에 대해 다시 다음과 같이 분류했다. "돈이 많은 사람은 투자해야 한다. 돈이 조금밖에 없는 사람은 투자해서는 안 된다. 그러나 돈이 전혀 없는 사람은 투자해야 한다." 한 마디로 부자가 되기 위해서는 꼭 투자를 해야 한다는 소리다.

코스톨라니는 평생토록 주식, 채권, 외환, 원자재, 유가물 등 다양한 것들에 투자했다. 그리고 이 과정에서 결국 주식만이 진정한 투자라고 보았다. 그는 시세를 좇는 일반 사람들과는 다른 견지에서 주식을 바라보며 투자를 독려했는데 특히 주식에 대한 그의 독특한 견해는 수많은 투자 고수들에게 깊은 영감을 주었다.

주식시장에서도 뼈아픈 충고를 아끼지 않았다. 투자가들 가운데 일생에 적어도 두 번 이상 파산하지 않은 사람은 투자가로 불릴 자격이 없다고 단언했다. 그만큼 경험이 중요하다는 소리다. 또한 파리의 증권시장에 처음 갔을 때 한 노인이 건넨 충고를 잊지 않고 있다. 이곳에 주식과 바보 중 어느 쪽이 많은지 생각해보라는 것이다. 노인은 단일면적 대비 가장 많은 바보가 자리 잡은 곳이 주식시장이라고 코믹하게 빗대었다.

그에게는 집을 소유하는 것 또한 투자에 있어 중요한 요소였다. 스스로 살 집은 주택이든 아파트든 가능하면 사라고 권했는데 그 이유가 단순하기 짝이 없다. 상승하는 집세와 깐깐한 집주인으로부터 자유로워야 하기 때문이다. 이것은 주식투자에 있어 조급함 없이 안정적으로 투자하기 위해 어느 정도의 안전자산을 가지라는 충고이기도 하다.

한편 그는 안정적인 투자를 위해 음악을 가장 중요한 가치로 두었다. 이번에는 음악이 그의 투자에 어떤 영향을 미쳤는지 알아보도록 하자.

우선 코스톨라니는 증권거래소를 모로코의 도박장 몬테카를로에 빗대었다. 증권거래소는 하룻저녁에 어마어마한 돈을 쏟아부을 수 있는 카지노와 유사하다. 하지만 기본 멜로디를 알아들을 수 있는 안테나를 가지고 있어야 한다. 따라서 증권거래소는 단순 게임장이 아니라 자본주의 경제의 중추신경이며 동력이다. 공정한 배분과 투명한 가격 형성에 중요한 역할을 하며 특히 자본을 경제에 내준다는 점에서 의미가 있다. 그는 세계의 언어로 지위, 인종, 지역을 아우를 수 있는 증권시장을 도박 천국 몬테카를로보다 훨씬 다양한 즐거움이 있는 '음악과 함께하는 증권시장'으로 묘사했다.

또한 주가에 대해서는 장기적 변동성을 음악으로 표현했다. 오페라나 심포니에 어떤 주제가 있어 전체를 반복하고 배경이 깔리는 것처럼, 주식시장에도 장기적인 흐름을 결정하는 멜로디가 있다는 것이다. 투자가가 전진과 후진의 이동 국면을 읽어내 어떤 이익을 얻어내려고 한다면, 그 멜로디가 단조인지 장조인지부터 알아내야 한다.

주식시장에서 주제음악을 결정하는 것은 다음의 두 요소다. '전쟁과 평화' 그리고 '장기적인 경제발전'. 그리고 이에 있어 가장 중요한 요인을 집시와 악사들의 속설을 통해 언급한다. "돈이 없으면 음악도 없다"고 말이다.

중앙은행의 역할에 대해서는 금리 인하 시 도약판에 서 있는 수영 선수처럼 주식시장에 뛰어들 준비를 하라고 권고한다. 이때는 누구도 만나지 않고 언제 뛰어들지를 준비해야 한다.

중앙은행이 금리를 높이기로 결정했다면 주식시세가 하락하는 것은 시간문제이다. 이전까지 주식시장의 분위기가 좋았다면 그만큼 떨어지는 폭은 커진다. 주가가 바닥일 때 시장에 들어온 투자자는 큰 부를 축적할 수 있다.
금리를 내리면, 주식은 처음에는 오르지 않거나 올라도 아주 조금 오른다. 이때 경제 뉴스에서 흘러나오는 소식은 부정적이다. 그러니 금리가 떨어지면 무조건 주식시장에 뛰어들어야 한다.

《돈, 뜨겁게 사랑하고 차갑게 다루어라》, 코스톨라니

또한 코스톨라니는 부실한 기업과 펀드에 투자를 권유하는 은행과 증권 브로커에게도 음악을 빗댄 충고를 잊지 않았다. 과거 심각한 버블 위기 때 그는 사람들에게 주식을 사라고 권유한 은행에서 강연을 할 기회를 가지게 되었다. 그리고 그곳에서 은행장의 코를 납작하게 하기 위해 바그너의 오페라 '뉘른베르크의 명가수'의 한 소절을 읊었다. "정직함을 가장한 너희들은 모든 사기꾼 중에서도 가장 악질이다."

증권 브로커들에게는 베르디의 오페라 '가면무도회'에 나오는 노래 한 소절 "오스카는 그것을 알고 있다. 그러나 그는 말하지 않는다"를 인용해 이렇게 말했다. "브로커들은 말한다. 그러나 그들은 그것을 알지 못한다."

금과 화폐 가치를 비교할 때는 화폐의 중요성을 이렇게 묘사했다. "어린아이가 피아노를 처음 배울 때면 앞에 메트로놈을 두고 추에 맞춰 박자를 익힌다. 그러나 거대한 오케스트라의 경우 메트로놈이 아닌 천재적인 지휘자가 필요하다." 여기에서 천재적인 지휘자라는 것은 각국의 중앙은행이나 미국 연방준비제도 이사회의 의장이다. 즉 금이 화폐의 기능을 수행하는 금본위제로는 거대한 자본시장에 대응할 수 없음을 오케스트라 지휘자에 비유한 것이다.

한편 코스톨라니는 음악가를 만나는 일을 주저하지 않았다. 그 이유는 그들과 음악에 대한 다양한 이야기를 나누기 위해서였다. 하지만 그 바람은 허사로 돌아가고 말았다. 대음악가들의 관심은 오히려 돈에 있었기 때문이었다.

한번은 작곡가이자 바이올리니스트인 프리츠 크라이슬러를 만날 기회가 있었다. 크라이슬러와 마주 앉은 코스톨라니는 그에게 던질 음악에 관한 수많은 질문을 생각했는데, 그가 오히려 코스톨라니에게 투자에 관한 질문만 집요하게 해대는 바람에 실망했다. 크라이슬러는 주식시장을 떠날지 말지를 심각하게 고민하던 차에 투자의 대가를 만났던 것이다. 하지만 코스톨라니는 고민할 필요가 없다고 했다. 크라이슬러는 오전에 증권거래소에서 잃은 손실을 저녁에 단 한 번의 연주회로 만회할 수 있는 능력을 갖췄기 때문이었다.

코스톨라니와 음악 이야기의 정점은 그가 음악재단을 설립하지 못한 것에서 인간의 욕망에 대한 생각거리를 던져주기도 한다. 그는 제2차 세계대전이 끝난 후 투자가치가 없어 보이는 국채와 자치단체 채권을 대량으로 매입하기 시작했다. 그는 혼란한 시장이지만 언젠가는 정상화될 것이라는 믿음을 가지고 있었다. 그중에는 프랑스 정부의 채권도 있었다. 당시 프랑스 정부는 특별한 법적 근거 없이 채권에 대한 지급이행을 원소유자에게만 하려고 했다. 또한 싼 가격에 매수하는 채권자들을 악의적 투기로 보아 지급하지 않으려 했다.

이때 코스톨라니는 헐값의 채권을 몇 킬로그램씩 무더기로 사들이면서 이것을 사랑스러운 예술을 위해서, 특히 음악재단을 설립하는 데 쓰기로 마음먹었다. 그리고 관련 전문가들에게 자문을 받아 자신이 욕심 많은 투자가가 아님을 증명하기 위해 프랑스 정부가 채무증서의 전액을 돌려준다면 그 금액 전부를 음악 진흥재단을 위해 쓰겠다고 말했다. 그리고 자신의 이름으로 음악가들에게 상을 준다면 명예로운 일이라는 결론을 내리고 대책을 논의했다. 그런데 그러던 중에 프랑스 정부가 모든 채권에 대한 지급을 이행하겠다고 발표하는 일이 벌어졌다.

코스톨라니는 이 채권을 지급이행 받게 된 시점에서 큰 액수의 기부금을 선뜻 내놓을 수 없는 자신을 발견했다. 자신이 자본시장에 심하게 물들어 있으며 천사가 아님을 발견하고야만 것이다.

코스톨라니는 죽기 직전까지 자신의 저서를 통해 자본시장에서 어떻게 살아남아야 하는지에 대해 주옥같은 일화들을 기록으로 남겼다. 아마도 자본에 투자하는 것을 투기로 바라본다면 코스톨라니의 조언은 가치가 없겠지만 투자의 관점에서 자본시장을 바라본다면 깊은 울림을 주리라고 생각한다. 특히 코스톨라니가 음악을 이렇게 다양한 자본시장에 빗댄 것을 보면, 그는 주가의 변동성이 인간에게 심리적 불안감을 던져 투자를 망치게 된다고 생각했다. 그래서 안정을 위해 여행, 술보다는 음악을 선택한 것으로 보인다. 그는 음악과 돈이라는 이 풀리지 않는 명제에 대한 정의를 세미나에서 한 학생이 질문한 것에 대한 답으로 갈음했다. 그것 또한 잊히지 않는 통찰과 철학, 유머를 곁들인 것이었다.

"나에게 아들이 있으면 첫째는 음악가를 시킬 것이고, 둘째는 화가, 셋째는 소설가 아니면 저널리스트를 시킬 거요. 넷째는 다른 형제들을 먹여 살리기 위해 꼭 투자가를 시키겠소."

천재 음악가가 죽지 않았다면 아인슈타인은 세상에 없었다

클래식으로 성공을 거머쥔 인물은 또 있다. 바로 인류가 탄생한 이래 가장 위대한 과학자로 불리고 있는 아인슈타인이다. 앞에서 언급한 베르나르 아르노의 인터뷰에서 그는 아인슈타인을 20세기의 천재로 우러러보는 이유에 대해 모차르트와 유사성이 있다고 강조했다.

모차르트와 아인슈타인? 이 둘은 무슨 관계일까? 위대한 과학 천재가 되는 데 모차르트가 영향을 미쳤다는 말인가? 베르나르 아르노가 두 사람을 언급한 이유는 무엇일까? 명품기업을 건설하는 데 이들이 어떤 영향을 미친 것일까? 이번에는 그들의 이야기 속으로 들어가보자.

아인슈타인은 1879년 독일 서남부에 있는 울름에서 태어났다. 그의 부친은 유대인이었기 때문에 아인슈타인 또한 어린 시절부터 반유대주의 풍토에서 자랄 수밖에 없었다. 그는 집안 식구들의 도움으로 일찍이 수학과 과학을 배울 수 있었는데 이것이 훗날 그가 과학자로 성장하는 자양분이 되었다.

그런데 당시 독일은 군주제로서 교육제도는 주로 주입식이었다. 아인슈타인은 이런 자유롭지 못한 교육에 적응하지 못하고 스위스로 이주해 학업을 이어간 것으로 알려졌다. 그는 스위스로 이전한 학창 생활에서 수학 외에 다른 과목에서는 좋은 성적을 얻지 못했다. 급기야는 취리히연방공과대학교 시험에 낙방하고 말았다. 이 불합격은 입시 위주의 교육이 만연하는 한국인, 특히 성적이 좋지 않은 학생들에게는 희망적인 지점이라고 봐야 하겠다.

어쨌든 아인슈타인은 그의 뛰어난 수학 실력을 눈여겨본 학장의 배려로 1년 후 다시 입학을 할 수 있었다. 하지만 수학과 물리학 외에는 특별한 재능을 보이지 못했고, 졸업 이후에도 유대인에 대한 차별 등으로 취직을 할 수 없었다. 때문에 가정교사와 임시직을 전전하며 살아가다가 대학 친구 부친의 도움으로 특허사무소 심사관으로 일할 수 있었다.

특허사무소 시절에는 기념비적인 몇 개의 물리학 논문도 발표했다. 빛이 금속 표면을 비출 때 전자를 발산하는 '광전이론', 미세한 분자가 불규칙하게 움직이는 '브라운운동', 그리고 노벨물리학상 수상으로 그를 세계적 과학자로 만들어준 '상대성이론'이다.

1905년은 아인슈타인이 26세가 되는 해였다. 나이로 볼 때 그를 천재로 묘사하는 것이 틀린 말도 아닌 것 같다. 도대체 무엇이 젊은 나이에 이토록 위대한 업적을 쌓도록 인도한 것일까?

독일의 사회학자 윌리엄 헤르만은 아인슈타인과의 인터뷰에서 그의 인생 철학에 대한 다양한 답을 들을 수 있었다. 그 중 책 《아인슈타인에게 묻다》에 이런 흥미로운 대목이 있다.

> "나에게 죽음이란 더 이상 모차르트 음악을 듣지 못하게 되는 것입니다. 내가 과학자가 되지 않았다면 아마도 음악가가 되어 있겠지요."

아인슈타인에게 모차르트가 과연 어떤 존재였던 것일까? 아인슈타인의 어머니 폴린은 피아노 실력이 상당했던 것으로 알려져 있다. 그녀는 아들이 6살 되던 해인 1885년 그에게 바이올린을 배우도록 했다. 이때부터 아인슈타인은 음악에 눈을 뜬 것으로 보인다.

10살이 되던 무렵에는 의대생 맥스 탈메이로부터 사교육을 받기 시작했다. 과학과 철학에 관한 작품을 읽고 토론하는 유대식 교육을 받았는데 이것이 훗날 창의적인 생각을 해내는

데 중요한 토대가 되었다. 그가 독일의 주입식 교육을 싫어한 나머지 스위스로 가서 공부한 것도 이러한 유대식 토론 교육에서 비롯되었을 것으로 추측해볼 수 있다.

한편 아인슈타인은 바이올린 연습이 힘들어 그만두려고까지 했다. 의자를 집어던질 정도였다. 그런데 13살이 되던 해 자발적으로 바이올린 연주에 다시 매진하게 된다. 바로 모차르트를 발견하고부터다.

일반적으로 악기를 배울 때는 지겹고 어려운 시기가 존재한다. 수준 있는 연주를 위해서는 이 시기를 거쳐야만 하는데 아인슈타인도 예외는 아니었다. 그런데 모차르트가 만든 '바이올린 소나타'의 아름다움을 발견하고 직접 곡을 연주하기 위해 다시 활을 잡은 것이다.

이후 아인슈타인은 상당한 연주 실력에 이르렀고, 주변 사람들 앞에서 종종 독주회를 열었다. 물론 모차르트만 좋아했다는 얘기는 아니다. 그는 모차르트, 바흐, 슈베르트, 비발디, 코렐리, 스카를라티 등의 음악도 함께 즐겼다. 다만 모차르트를 더 많이 좋아했다.

또한 그가 음악을 즐기는 데에는 나름의 기준이 존재했다.

살아생전 들려준 인터뷰 중에 바그너류의 음악을 좋아하지 않는다고 언급한 부분도 있다. 바그너의 음악은 덜 조직적이고 감정에 치우친 음악이라는 이유에서였다.

바그너의 음악이 어떻다는 해석은 다양할 수 있다. 하지만 우리는 그가 남긴 말의 행간에서 하나 유추해볼 수 있는 것이 있다. 아인슈타인은 모차르트가 보여준 재기발랄한 멜로디의 흐름에 상당히 영향을 받았다는 점이다. 그러니까 주입식 교육으로 점철된 일반 연구자들이 도달할 수 없는 어떤 창의적인 생각이 모차르트를 통해 드러난 것일 수도 있다는 가정이다.

예를 들면 그는 여러 인터뷰나 회의에서 자신의 문제해결 방법은 논리나 수학 방정식을 사용하는 것이 아니라 직관적인 과정을 거친다고 말했다. 그러니까 어떤 문제를 인식했을 때 그것을 논리적인 해석으로 접근하는 것이 아니라 이미지를 떠올리거나 곡을 연주하는 행위로 생각해낸다는 것이다.

그는 물리학 연구 막바지에 다다라 진전이 없을 때는 바이올린을 연주하며 시간을 보내다 해결 방법을 떠올렸다. 그 때문인지 아인슈타인의 음악에 대한 일화는 무척이나 많다. 그는 부인 밀레바와 헤어지고 엘자와 재혼했다. 두 번째 아내는 아인슈타인의 아름다운 바이올린 연주를 듣고 그를 사랑하게 되었다고 밝혔다. 여성의 마음을 사로잡을 만큼의 실력과 애정이 있었던 아인슈타인에게 바이올린은 마치 자식과도 같았을 것이다. 때문에 그는 바이올린에게 '리나'라는 이름을 붙여주었다.

훗날 나치가 독일을 점령하자 그곳에 남겨진 그의 재산도 압류되었다. 아인슈타인은 고국으로 돌아갈 수 없게 되자 결국 미국으로 이주해 프린스턴대학교에서 연구와 강의를 이어갔다.

그런데 그가 있는 거주지 근방에 프랑스에서 이주한 피아니스트 로베르 카자드쥐가 살고 있었다. 아인슈타인은 카자드쥐와 함께 모차르트 바이올린 소나타를 함께 연주하곤 했다. 마침 프린스턴대학교에는 작곡가 보후슬라프 마르티누도 강의를 하고 있었다. 마르티누는 체코 출신 음악가로 어린 시절 음악학교에서 퇴학당한 후 독학으로 거장의 반열에 오른 인물이었다. 그는 제2차 세계대전 때 미국으로 이주했다. 그러다 아인슈타인을 만난 것이다. 아인슈타인은 생을 마감할 때까지 프린스턴 교향악단의 부회장을 지내며 음악에 대한 사랑을 멈추지 않았다.

　지금까지의 이야기를 보면서 아인슈타인이 과학계에서 일군 업적의 결과를 단순히 음악의 영향으로만 보는 것은 다소 과한 주장이 아니냐고 반문할 수도 있겠다. 하지만 그의 인생에 '모차르트가 없었다면'이라는 가정을 놓고 본다면 성공과 음악은 떼려야 뗄 수 없는 것이라는 사실에 대해 어느 정도 동의할 것이다. 아니, 모차르트가 위대한 클래식을 남기고 죽지 않았다면 그의 인생도 다시 시작될 리 없었다. 최소한 아인슈타인은 모차르트의 곡을 연주하며 과학으로 설명되지 않는 다양한 인간군상과 그 관계에 대해 위로받았을 것으로 보인다. 음악은 이렇게 소리를 통해 한 인간을 현상 이상의 세계로 이끄는 마법 같은 작용을 하기도 한다. 특히 듣는 것뿐 아니라 연주까지 할 수 있다면 더욱 음악의 묘미를 즐길 수 있을 것이다.

　다음 인터뷰는 1929년 미국 잡지 〈새터데이 이브닝 포스트〉의 기자가 아인슈타인을 인터뷰하고 쓴 글이다. 과학자이자 음악가로서 그의 모습을 어렴풋이나마 엿볼 수 있다. 그리고 어느 정도는 그의 상대성이론이 클래식에서 영향을 받았다는 사실을 수긍하게 될 것이다.

내가 그의 아파트 문 앞에서 기다리는 동안, 바이올린 소리가 들렸고 요정 음악의 긴장감을 듣는 듯했다. 아마도 그것은 아인슈타인의 연주임을 직감적으로 알 수 있었다. 내가 아인슈타인의 집에 들어갔을 때, 그는 마치 엄마가 아이를 재우는 것처럼 바이올린을 다시 넣어놓고 있었다. 그때 아인슈타인의 모습은 수학자라기보다는 마치 음악가처럼 보였다. 그는 아쉬운 듯, 미안한 듯 미소를 지으며 말했다.

"만약 내가 물리학자가 아니었더라면, 나는 아마도 음악가가 되었을 것입니다. 지금도 종종 음악가로서 생각하지요. 나는 음악으로 백일몽을 꾸는 듯 살고 있어요. 음악을 통해서 삶을 본답니다. 아마도 내가 음악가가 되었다면 리하르트 슈트라우스나 쇤베르크를 능가하지 않았을까요?"

모차르트에 몰두해야 뇌가 발달하는 이유

베르나르 아르노가 극찬하고 아인슈타인이 영감을 받은 '볼프강 아마데우스 모차르트'. 정말 클래식 음악을 들으면 부자가 되는 힘도 생기고 되고 두뇌가 발달해 노벨상도 받을 수 있는 것일까?

모차르트의 음악이 학습과 두뇌 발달에 효과적인가에 대한 논의는 전 세계의 음악학, 인류학, 심리학, 의학 등 전방위적 분야의 논쟁거리였다. 그리고 그 시작은 1993년 미국 위스콘신대학교의 심리학자 프랜시스 로셔 연구팀이 〈네이처〉지에 개재한 한 보고서였다. 훗날 모차르트 효과Mozart Effect라는 용어의 탄생을 가져다준 이 연구는, '2대의 피아노를 위한 소나타 D장조'를 들었던 학생들의 IQ가 다른 실험군에 비해 8~9점 점도 높았다는 주장이었다.

내용이 맞든 틀리든 이 보고서는 훗날 두 가지 재미난 결과를 낳았다. 우선 프랜시스 로셔 연구팀이 전 세계 학자들의 열렬한 비난을 받았다는 점이다. 모차르트 효과에 대한 비난은 여기저기서 봇물 터지듯 쏟아져 나왔다. 모차르트 음악을 듣는다고 IQ가 무조건 발달하지도 않거니와 실험조건도 부실하기 짝이 없다는 것이다. 이 비난으로 프랜시스 로셔는 어떻게 되었을까? 학교에서 쫓겨났을까? 아니다. 역으로 학계뿐 아니라 세계적인 스타로 발돋움했다. 마치 가수 마돈나가 란제리 패션으로 노래를 부른 후 수많은 미디어가 한마디씩 하는 바람에 스타가 되었듯이, 빠른 시간 안에 뜨고 싶다면 논쟁의 중심이 되거나 그 분야의 최고 인물이나 연구자에게 도전장을 내밀면 된다.

모차르트 효과는 여기에서 그치지 않는다. 고리타분한 학계가 실험의 문제점을 지적하는 동안 음반업계는 "모차르트의 음악이 두뇌 발달에 좋다"는 슬로건을 내걸고 관련 상품을 대량 발매하기에 이른다. 심지어 미국 조지아주 주지사가 신생아에게 모차르트 CD를 선물하는 예산을 의회에 신청했는데 하원이 이 신청을 승인함으로써 모차르트 효과에 불을 지폈다. 아마도 태교 음악으로 모차르트 음악을 들어본 여성들도 상당할 것이다. 당시 모차르트를 비롯한 클래식 음악이 태아의 뇌 발달과 정서 함양에 도움을 준다는 이유로 컴필레이션 음반이 많이 팔렸다. 클래식 업계는 프랜시스 로셔 교수에게 빚을 진 셈이다.

그렇다면 모차르트 효과는 사기라는 것인가, 아니면 실제 효과가 있다는 것인가? 나를 포함한 참을성 없는 독자를 위해 미리 공개하자면, 그 답은 '맞기도 하고 틀리기도 하고'이다. 후속 연구들에 따르면 유아기를 비롯한 청소년 시절의 음악 교육은 두뇌 발달에 효과가 있다는 것이 속속 밝혀지고 있다.

심지어 성인이 되어서도 음악 청취와 악기 연습은 뇌신경 발달에 지속적인 영향을 미친다.

  이러한 여러 연구를 종합한 결과를 보면 음악 레슨을 받은 아이들은 확실히 소음 속에서도 잘 듣는 훈련이 되어 있다. 그래서 타인의 말을 더 잘 이해하고 깊이 받아들인다. 두뇌 속에 소리 정보를 주고받는 뉴런이 발달해 언어와 독해력 향상에 깊은 영향을 미치는 것이다. 한 마디로 클래식은 두뇌 발달이나 치매 예방에 긍정적인 역할을 한다. 음악을 성공과 부(富)로 연결 짓는 것은 여러분의 몫이지만, 삶에 좋은 조건을 만들어 주는 것만큼은 더없이 확실하다.

낮과 밤, 언제 클래식을 들어야 할까?

2000년대 들어 음악을 듣는 사람들의 시점이 달라졌다. 진지하게 예술로써 듣기보다는 휴식이나 일, 학습에 얼마나 효과적인가에 몰두했던 것이다. 그중 집중력을 높이는 데 가장 적합한 음악이 클래식이라는 결론에 이르렀다. 그 이유는 가곡을 제외한 대부분의 클래식이 연주곡이라는 점에 있다. 가사가 있는 노래들은 뇌를 거칠 때, 음악과 언어를 서로 다르게 처리해 집중력을 떨어뜨린다. 반면 클래식은 인간이 연주하는 음악이기에 일반적인 기계음과 달리 인간이 만들어낸 수많은 감정과 리듬을 그대로 전달하므로 안정감을 준다.

그렇다면 클래식은 언제 들으면 좋을까? 보통 클래식을 가장 듣기 좋은 시기는 아침과 저녁이다. 그 이유는 우리의 자율신경계와 관련이 있다. 이 신경 다발은 크게 교감신경과 부교감신경으로 나뉜다. 심장박동이 증가하고 긴장해 땀을 흘리는 것은 교감신경이 작동하는 것이고, 반대로 심장박동이 떨어지고 몸이 편안한 상태를 이루면 부교감신경이 작동하는 것이다.

보통 아침, 저녁에는 부교감신경이 작동한다. 인체가 가장 평온한 상태를 유지하는 휴지기다. 이때 클래식 음악은 평온한 기조를 지속하는 데 도움을 준다. 특히 업무나 공부, 휴식을 취할 때 좋다. 뇌가 무언가를 습득하고 기억해야 할 때 음악이 부교감신경을 자극해, 집중력을 높여주고 기본 능력을 업그레이드해주기 때문이다. 경건한 멜로디를 베이스로 한 '바흐'의 음악이 사후에도 세계적인 사랑을 받는 이유라고 볼 수 있다.

 LVMH의 회장 '베르나르 아르노'에게 영감을 던져준 곡
La Campanella | Liszt

03

창의력을 키우는 멜로디

인류의 한계치를 발칵 뒤집는 특효 음악, 록

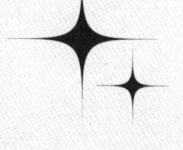

"뇌리를 때리는 비트에
몸을 맡기면 내 안에 잠재된
무한한 가능성을 읽을 수 있다."

일론 머스크는 사기꾼일까? 구원자일까?

일론 머스크는 희대의 사기꾼일까? 아니면 인류를 살릴 구원자일까? 동전의 앞뒷면을 맞추는 것과도 같은 이 질문에 대한 답은 아마도 그가 만든 우주로켓이 화성에 도달했을 때 알 수 있을 것 같다. 하지만 사람들은 세상에 내놓은 전기자동차 테슬라와 우주로켓 팰컨 헤비를 통해 그가 게임체인저로서 세상을 어느 정도 바꾸고 있음을 인지하고 있다. 그리고 그 근거는 치솟는 주가와 기업 인수를 통해 확인해볼 수 있다.

때문에 일론 머스크는 스티브 잡스의 바통을 이어받아 기업인으로서 성공의 문턱을 넘어 자신의 모습을 과시하고 있다. 그는 연예계, 스포츠, 정치판 그 어떤 분야의 인물과도 견줄 수 없는 존재로 성공과 부라는 관점에서 모두의 관심, 그 최상위에 있다.

그렇다면 그가 성공한 비결은 무엇일까? 지금까지 상당수의 전문가는 일론 머스크가 거대한 기업을 일으킨 배경에 대해 개인의 뛰어난 자질, 혁신과 같은 경영학적인 접근을 통해 그 이유를 분석해왔다. 그런데 일론 머스크가 부와 성공을 이룬 동기가 꼭 현대 경영학이 말하는 자질들이 아니라면 당신은 동의하겠는가? 만약 일론 머스크가 어떤 음악에서 상당한 영감을 받아 세상을 뒤집어놓는 우주 계획을 실현하고 있다면 당신은 믿을 것인가? 일단 일론 머스크의 삶으로 들어가 우주계획과 성공, 부, 명예, 음악의 상관관계에 대해 알아보도록 하자.

일론 머스크는 남아프리카공화국의 프리토리아에서 태어났다. 보드게임 '부루마블'을 통해 익히 알고 있는 요하네스버그에서 북쪽으로 50km 정도 떨어진 곳이다.

우리가 한 인간을 알기 위해서는 그의 부모가 어떤 삶을 살

파격과 기행을 일삼는 테슬라의 최고경영자 일론 머스크. 직접 노래를 만들 정도로 소문난 음악 마니아다.

있는지도 중요한 단서가 된다. 아버지 에롤 머스크는 기계, 전기 엔지니어로서 사무실이나 복합건물, 주택단지, 공군기지 등의 대형프로젝트를 맡아 일을 했다. 일론이 훗날 전기차나 우주선처럼 한 번도 경험해보지 못한 물체를 개발한 것도 아버지의 유전자를 물려받았다고 볼 수 있다. 물론 훗날 아버지와 불화로 거리를 두게 되었지만 말이다.

어머니 메이 머스크에 대해서는 독특한 일가의 환경을 언급할 필요가 있겠다. 우선 일론의 이름은 외증조부 일론 할데만에서 따왔다. 할데만 가족은 미국과 캐나다를 거쳐 남아공으로 이주하는 동안 일반 가정에서 볼 수 없는 독특한 모험의 역사를 써왔다.

그중에서도 가장 특별한 것은 조부 조슈아 부부가 1952년부터 1954년까지 자가용 비행기를 타고 아프리카를 경유해 여러 나라를 거치며 48,000km을 여행했다는 점이다. 게다가 남아공으로 이주한 후에는 아프리카 남부에 위치한 칼라하리 사막 부근의 알려지지 않은 도시를 찾아다녔다. 조슈아 부부의 도전적이고 낭만적인 가정사는 자녀교육에서도 그대로 이어졌다. 조슈아 부부는 자유방임적인 환경을 추구하며 자녀에게 벌을 주는 법이 없었다. 이러한 분위기에서 태어난 메이는 어려서부터 괴짜 취급을 받았지만, 수학과 과학에서 뛰어난 성적을 보이며 두각을 나타냈다.

그러나 메이의 진가는 전혀 다른 곳에서 발현되었다. 바로 외모였다. 메이는 큰 키에 얇은 금발을 가진 마른 몸매의 소유자였다. 메이는 어딜 가든 사람들 눈에 띄었다. 일찍이 모델계에 진출해 미스남아공대회 최종후보까지 올랐다. 메이의 모델 경력은 잡지 〈뉴욕〉, 〈엘르〉 등의 표지모델로도 이어졌으며, 가수 비욘세의 뮤직비디오에도 출연했다. 아마도 일론 머스크가 훗날 기업을 운영하면서도 대중들의 입방아에 오르내리는 논란을 즐기게 된 것은 어머니 메이의 영향을 받았다고 볼 수 있겠다.

머스크가와 할데만가의 유전자를 가지고 태어난 머스크는 특히 어머니의 가계에서 더 깊은 영향을 받아 남다른 성장 과정을 거쳤다. 그는 괴짜인 것을 넘어서 일상의 아이들과는 다른 태도를 보였다. 예를 들면 무언가를 골똘히 생각하는 습관이 있었는데 사람들이 불러도 대답하지 않을 정도로 도가 지나쳤다. 결국, 청력에 문제가 있다는 의사의 소견으로 이를 개선하는 데 도움을 주는 작은 수술을 받았다.

어릴 때부터 세상과 단절한 채 새로운 것에 골몰하던 습관은 강한 독서열로도 옮겨갔다. 그는 하루 10시간씩 독서를 했는데 학교와 마을 도서관의 책도 모자라 더 이상 읽을 책이 없다며 브리태니커 백과사전을 탐독하기에 이르렀다. 백과사전은 호기심과 지식에 목말라 있는 머스크에게 지구를 넘어 우주로 생각의 폭을 넓힐 수 있도록 영감을 주었다. 당시의 어린 머스크는 가족과의 저녁 식사 자리에서 지구 중심에서 달까지의 거리를 정확하게 숫자로 말할 수 있을 정도였다.

하지만 이렇게 독립적이며 홀로 파고드는 성격은 학창시절에 친구를 사귀는 데 도움을 주지 못했다. 일부 아이들은 머스크를 괴롭히거나 폭행하는 것을 즐거움으로 삼았고 심지어는 머스크와 가깝게 지내는 친구를 때리며 함께 놀지 못하도록 강요하기도 했다. 사춘기 시절의 문제는 여기서 끝나지 않는다. 안타깝게도 부모가 이혼하게 된 것이다.

흥미롭게도 위대한 업적을 이루어낸 사람들 중 많은 이들이 어린 시절 부모가 이혼했거나 집안 사업이 망하는 등 심각한 충격을 받은 경험을 갖고 있다. 이혼으로 가정이 무너지는 경우, 명랑하고 활발하던 성격은 급속도로 내성적으로 변한다. 이후 홀로 지내는 시간이 많아지면서 음악, 미술, 체육과 같은 즐거움에 집중하다가 20세를 전후해 그 분야에서 또래에 비해 크게 두각을 드러내는 경우가 많다.

머스크의 경우에도 그런 시기가 찾아왔다. 컴퓨터 게임에 심취했던 머스크는 '블래스터'라는 우주 화물선을 파괴하는 게임을 만들었다. 기계어를 직접 입력하는 퍼스널컴퓨터가 막 도입된 80년대 중반을 생각해보면 12살짜리 어린이가 키보드로 짜 내려간 167줄 프로그램은 실로 놀라운 결과물이었다. 당시 남아공의 IT 관련 잡지사 'PC와 사무기술'은 블래스터를 500달러에 사들여 소스 코드를 공개했다. 이 일은 일론 머스크라는 이름을 세상에 알린 첫 번째 사건이며 그의 인생 최초의 성공 스토리라고 볼 수 있겠다.

인간에게 무언가를 성취했다는 것은 자신감을 줄 수 있는 훌륭한 계기가 되기 마련이다. 머스크는 고등학교에 진학할 즈음 동급생의 괴롭힘 정도는 쉽게 감당할 수 있을 만큼 덩치도 커졌다. 또한 물리와 컴퓨터 과목에서 최고점을 받으며 자신의 강점이 무엇인지도 일찍 파악하기 시작했다. 이제 머스크는 남아공이 자신의 꿈을 펼치기에 작은 세계라는 생각을 가지게 되었다.

당시 하늘도 머스크를 도우려고 했나 보다. 마침내 캐나다 국적을 가진 어머니 메이의 도움으로 17살이었던 1988년 고국을 떠날 수 있었다. 이것이 인류를 화성에 보내겠다는 원대한 꿈을 가진 청년 머스크가 아프리카에서 대서양을 건너 아메리카에 안착한 첫 순간이었다.

캐나다에 가면 일이 술술 풀릴 것 같았다. 하지만 머스크는 그렇지 못했다. 생계를 위해 여러 일을 전전하기 일쑤였고, 사촌들과의 연락도 여의치 않았다. 하지만 퀸즈대학교를 거치며 못다 피운 학구열을 불태운 그는 마침내 장학금을 받고 펜실베이니아대학교 와튼스쿨에 진학해 경제학과 물리학을 전공했다.

머스크가 열심히 학업을 이어가던 1990년대 초반에는 인터넷이 세상의 중심에 우뚝 서고 있었다. 닷컴기업이 실리콘밸리에서 거대한 꿈을 꾸며 우후죽순처럼 생겨나던 시기였다. 머스크는 과거 게임을 만들던 경험을 되살려 동생 킴벌과 함께 기업 주소를 검색할 수 있는 사이트 '집투Zip2'를 창업했다. 1984년 컴퓨터 게임을 만들고 난 후 정확히 10년이 지난 시점이었다.

머스크는 전력을 다해 사이트를 발전시킬 수 있도록 노력했고 결국 첫 백만장자의 대열에 이름을 올릴 수 있었다. 그는 이후 화려한 집으로 이사했고, 최고급 자동차를 구입했다. 기업인으로서의 위상을 넘어 스타의 모습으로 변모하고 있었다. 어쨌거나 이 성공 스토리를 기반으로 머스크는 새로운 비즈니스 기회를 엿보게 된다.

바로 인터넷 결제서비스였다. 그는 '엑스닷컴x.com'을 설립한 후 은행 인재들을 영입해 가상결제시장에 뛰어들었다. 엑스닷컴은 훗날 시대의 풍파를 넘고 '페이팔'과 합병해 성공적인 닷컴기업으로 급부상한다. 머스크는 다시 한번 거대한 수익을 남기지만 그 과정이 쉽지만은 않았다. 신혼여행을 떠난 사이 대표직에서 쫓겨나는 수모를 겪기도 하고, 쉴새 없이 일을 밀어붙이는 바람에 직원들의 반감도 샀다. 롤러코스터와 같은 환경을 스스로 만들며 보이지 않던 문제점과 맞닥뜨렸던 것이다. 하지만 그는 특유의 뚝심으로 결코 포기하지 않았고, 캘리포니아의 괴짜 사업가로 대중의 뇌리를 차지하기 시작했다.

스페이스 엑스와 테슬라의 탄생에 악마적 영감을 준 곡

일론 머스크는 괴짜가 되는 과정에서 로스앤젤레스에 자리를 잡고 싶었다. 보통은 로스앤젤레스보다 실리콘밸리에서 사업을 일구는 것이 훨씬 이익이라고 여겨진다. 하지만 사실 그에게는 더 원대한 꿈이 있었다. 로스앤젤레스의 기후가 우주와 관련된 사업을 하기에 적합했기 때문이다. 때문에 나사를 비롯한 우주 기관이나 기업들은 로스앤젤레스를 기반으로 정책이나 사업을 펼치는 경우가 많았다. 머스크는 2001년 서른 번째 생일을 기점으로 마스 소사이어티 같은 우주광들이 모인 집단과 접촉해 지원금을 기부하는가 하면 '로켓추진', '우주 역학' 주제의 책을 읽으며 스스로 로켓 전문가가 되는 일에 몰두했다. 그리고 서서히 화성에 새로운 도시를 건설해야겠다는 생각을 굳히고 있었다. 하지만 로켓을 우주로 발사하거나, 화성이라는 미지의 세계에 사람을 보내는 일은 상상만으로 쉽게 달성할 수 있는 것이 아니었다.

하지만 머스크는 10년 동안 깨달은 통찰을 바탕으로 우주항공업체 '스페이스 엑스Space X'를 설립하고 하나하나 문제를 해결해나갔다. 우선 집투와 페이팔을 통해 얻은 모든 수익을 쏟아붓기 시작했다. 한마디로 자신의 모든 것을 걸고 우주 계획을 준비한 것이다.

그는 첫 우주선 팰컨 1호의 시험비행이 약속한 때보다 4년이나 늦게 성공을 거둘 때까지 언론과 투자가들에게 조롱과 비난의 대상이 되어왔다. 게다가 재정적인 어려움은 머스크를 더욱 궁지로 몰아넣었다. 그럴 때마다 머스크는 어떻게 하면 우주선을 쏘아 올리는 비용을 줄일 수 있을지에 대한 방법을 연구했다. 그리고 모두가 불가능하다고 말하는 상상을 실현시켰다. 바로 로켓의 재활용이었다. 결국 스페이스 엑스는 미항공우주국 등이 로켓을 발사하는 데 써왔던 비용을 10분의 1로 줄이는 데 성공했다.

여기서 끝이 아니었다. 스페이스 엑스가 점차 윤곽을 드러내 세상의 조롱을 찬사로 바꿀 즈음 머스크는 새로운 사업에 관심을 가지기 시작했다. 바로 테슬라 신화를 만든 오늘날의 전기차 사업이었다. 주유소처럼 국가와 지역마다 전기를 충전할 수 있는 거대 인프라 투자가 필수였기에 쉽게 성공할 수 있는 사업은 아니었다. 하지만 테슬라는 2020년 7월 미국 시가총액 2,000억 달러를 넘어서 도요타를 제치고 자동차 업계

1위를 차지했다.

머스크는 후에도 스페이스 엑스와 테슬라 프로젝트가 서로 전혀 다른 사업이 아님을 보여주었다. 그것은 2018년 쏘아 올린 팰컨 헤비 로켓에 새 전기차 테슬라 로드스터를 탑재한 사건이었다. 이 전기차 안에 우주인 더미인형 스타맨을 탑승시키고 카 오디오에서 데이비드 보위의 노래가 흘러나오도록 했다. 이것은 화성에 도달하겠다는 머스크의 계획을 지구뿐 아니라 전 우주에 공표한 것으로 볼 수 있다.

팝음악을 좋아하는 분들이라면 누구나 직감했을 것이다. 머스크의 우주산업이 데이비드 보위가 1970년을 전후로 발표한 노래 'Space Oddity', 'Life on Mars?', 'Starman'에서 영감을 받은 것임을. 이 이야기는 단순한 스토리가 아니다. 오히려 철저하게 계획된 밑그림에 가깝다. 그렇다면 이번에는 머스크에게 영향을 준 데이비드 보위의 이야기로 넘어가보자.

UFO 음악을 만든 데이비드 보위, 우주 전쟁의 판도를 바꾸다

흥미롭게도 데이비드 보위는 우주인의 존재를 믿는 인물이었다. 그는 어린 시절 UFO가 떨어졌다고 알려진 로스웰사건 현장에 다녀온 사람과 대화를 할 정도로 지구 밖 세상에 깊은 관심을 가졌다.

우주에 관한 보위의 관심은 훗날 록음악을 통해 자신을 우주인에 대입하는 방식으로 발전한다. 기획에 의한 캐릭터 설정인지 망상에 의한 자의식 과잉인지는 알 수 없지만 단순히 관심으로만 볼 수 없는 결과물을 냈다는 점에서 의미를 찾아볼 수 있다.

보위는 잠깐 언급했다시피 우주와 우주인에 관한 세 곡의 노래를 발표했다. 또한 '지기 스타더스트'라는 캐릭터를 설정해 제2의 인물을 창조해냈다. 지기 스타더스트는 얼굴에 번개가 떨어진 듯한 짙은 화장과 우주인을 보는 듯한 헤어스타일로 매번 팬들을 매료시켰다.

그렇다면 보위는 왜 하필 우주에 관심을 가졌던 것일까? 이것은 보위의 어린 시절에서 단서를 찾아볼 수 있다. 그는 어린 시절 이복형이 조현병에 걸린 모습을 지켜보았다. 이런 복잡한 가족관계를 통해 그는 세상을 어떻게 바라볼지에 대한 깊은 물음을 일찍이 얻었던 것으로 보인다. 그래서인지 보위는 정상적인 학교생활을 못 하고 마지막 안식처인 음악에 흠뻑 심취했다. 이런 경우 보통은 세상과 맞서 싸우거나 어딘가로 숨어버리기 마련이다. 하지만 보위는 그러지 못하는 자신을 외계인으로 설정하고 세상 사람들에게 노래로 공감을 받으려 했다.

때문에 그가 부르는 노래 가사들을 보면 지상으로 돌아오지 못한 우주인 소령 톰의 이야기를 그린 'Space Oddity'나 구질구질한 현실을 나열하다 화성에서의 삶이 가능할지를 묻는 'Life on Mars?', 지기 스타더스트가 라디오 채널을 통해 어린이에게 지구를 구하기 위해 온다는 메시지를 담은 'Starman' 같이 현실과 관련된 사고나 도피, 구원의 내용을 다룬 것이 많다.

그런데 흥미로운 사실은 사람들이 보위의 노래를 듣고 공감하거나 비판하는 모습을 보이기보다 오히려 그가 내놓은 노래나 패션을 새롭게 해석해 이야기나 루머를 만들었다는 점이다. 심지어 골수팬들은 그를 스타를 넘어서 마치 구세주처럼 숭상하기에 이른다.

예를 들면 'Space Oddity'의 경우 지구에 귀환하지 못한 우주인의 이야기임에도 불구하고 1969년 아폴로 11호 발사 때 영국 BBC가 생중계의 배경음악으로 사용했다. 또 2013년 캐나다 우주비행사 크리스 헤드필드는 국제 우주정거장에 무중력 상태로 머물며 이 곡을 녹음해 유튜브에 공개했다.

'Life on Mars?'의 경우에는 보위가 원곡인 샹송을 번안하려고 준비하고 있었다. 그런데 그사이 폴 앵카가 이 곡을 먼저 리메이크해 프랭크 시나트라에게 주었다. 보위는 노래를 빼앗긴 상처로 한때 좌절했지만 이에 굴하지 않고 자신만의 버전으로 'Life on Mars?'를 만들었다. 이 곡은 BBC 동명 드라마의 삽입곡으로 쓰였고, 한국에서도 리메이크 버전을 비롯해 다양한 영화 음악으로 사용되었다.

'Starman'의 경우에는 다소 황당하지만 흥미로운 방향으로 발전했다. 노래 가사가 예수의 재림을 예언했다는 신화로 퍼져나가기도 하고, 스티븐 스필버그 감독의 영화 '미지와의 조우'를 예견했다는 의견도 있었다.

여기서 우리가 눈여겨봐야 할 것은, 데이비드 보위 스스로 하나의 소재가 되었고 루머로 양산된 끝에 신화적인 존재로 진화했다는 점이다. 과연 보위는 스스로 우주인으로 빙의되었다고 믿었던 것일까? 아니면 치밀하게 계획을 수립한 천재였을까?

다시 돌아와 일론 머스크의 삶과 오버랩해보자. 머스크는 어린 시절부터 우주여행에 관한 깊은 관심과 애정을 드러내고, 화성에 우주인을 보내겠다는 허무맹랑한 계획을 실행했다. 사람들은 사기꾼이라며 도마 위에 그를 올려놓기를 주저하지 않았지만, 할리우드는 그를 아이언맨 같은 신화적인 인물로 바꾸어놓았다.

머스크는 실제 많은 어린이와 어벤져스 추종자들의 우상으로 군림했고, 현실에서 항공, 우주, IT, 주식 호사가들의 입방아에 오르내리는 화제의 인물이 되었다. 그 과정에서 머스크는 우주 계획의 한 부분에 데이비드 보위의 스토리도 끼워 넣었다. 노래의 내용은 중요치 않다. 자신이 만든 전기자동차에 신화적 인물과 노래를 탑재해 쏘아 올린 것만으로도 그는 충분히 사람들에게 묘한 즐거움과 환상을 제공하고 있다.

결국, 일론 머스크와 데이비드 보위 두 사람은 사람들에게 욕망을 채워주고 심어주어야 한다는 것쯤은 알고 있었을 것이다. 그들은 우주라는 환상을 통해 성공에 가까이 다가가는 것 그 이상으로 선구자적 위치에 오른 것만은 분명하다.

레코드회사에서 하늘을 날게 된 최초의 처녀

한편 일론 머스크의 우주 사업과 음악 이야기를 언급할 때 빼놓을 수 없는 인물이 하나 있다. 바로 항공, 음악, 여행 등의 분야에서 사업을 펼치는 영국의 버진그룹Virgin Group 리처드 브랜슨이다. 그는 70대의 나이에도 불구하고 2021년 7월 11일, 갤럭틱의 우주선을 타고 민간 최초로 우주 관광 비행에 성공하며 유명세를 거듭했다.

우주선에는 리처드 브랜슨을 포함한 총 6명의 승무원들이 탑승했다. 그들은 우주 공간으로 정의된 지점(지구로부터 약 80km)까지 날아오른 후 4분간 무중력 상태를 경험하고 돌아왔다.

이전까지 민간인의 우주여행은 테슬라의 창업자 일론 머스크가 만든 스페이스 엑스, 아마존 창업자 제프 베조스가 만든 블루 오리진을 통해 새로운 시대가 펼쳐질 것으로 생각하고 있었다. 하지만 최초의 민간인 우주 여행자의 기록은 일론 머스크나 제프 베조스가 아닌 영국 출신 기업가 리처드 브랜슨에 의해 이루어졌다. 새로운 우주 경쟁이 시작된 셈이었다.

이제 버진그룹이 대체 어떤 회사이며, 리처드 브랜슨이 어떤 인물인지 궁금해진다. 아마도 해외여행을 다니신 분이라면 항공기에 비스듬히 적힌 '버진Virgin'이라는 로고를 한 번쯤 본 기억이 있을 것이다. 그것도 아니라면 '버진레코드'라는 이름을 들어본 적이 있지는 않을까? 그러니까 레코드업을 하던 사람이 새로운 사업에 뛰어들어 우주여행까지 성공시킨 것이다. 그는 도대체 어떤 인물이길래 이렇게 기이한 행보를 걷게 된 것일까? 뭔가 평범하지 않은 모험의 세계가 있을 듯하다. 그러니 이번에는 리처드 브랜슨의 인생으로 들어가보자.

리처드 브랜슨은 1950년생으로 영국 런던에서 법률가 가문의 아들로 태어났다. 집안 전통은 늘 물불을 가리지 않고 도전하는 것이었다. 어머니는 브랜슨이 4살이 되던 어느 날 새벽, 자전거를 타고 80km나 떨어진 친척집에 가게 했다. 물은 도중에 구해 마시라고 하면서 말이다.

브랜슨은 어머니의 도움으로 지역을 모험하며 즐겁게 지냈지만, 학교에 진학하고 나서는 좋은 시절을 보내지 못했다. 일단 난독증이 있어 글을 잘 읽지 못했는데 이때 근시도 한몫했다. 때문에 공부를 잘할 리 없었다. 하지만 운동을 상당히 잘

취미로 시작한 레코드회사로 큰 성공을 거둔 다국적 기업 버진그룹의 설립자 리처드 브랜슨.

하는 학생이었다. 그러나 운동의 기쁨도 부상으로 오래가지는 못했다.

공부에 흥미를 느끼지 못한 브랜슨은 특유의 반골기질로 교장에게 편지를 보내는 등 학교 내의 문제점들을 지적하기 시작했다. 그리고 대대적으로 이슈를 알릴 수 있는 수단으로 처음 잡지에 관심을 가지게 되었다. 하지만 당시 브랜슨은 16살의 고교생이었다. 학교 도서관과, 집의 작은 방에서 잡지를 만들기 시작한 풋내기에 불과했던 것이다. 하지만 그는 굴하지 않고 광고를 따내기 위해 각종 회사에 수백 통의 편지를 보냈다. 뿐만 아니라 모든 업무는 공중전화로 처리했다. 특히 돈이 없을 때는 교환원에게 방금 돈을 넣었는데 전화가 걸리지 않는다고 거짓말을 하면서까지(그러면 공짜로 전화를 걸 수 있었다) 수많은 사람에게 협찬과 인터뷰 요청 전화를 넣었다. 이 과정에서 어머니는 오히려 반대하지 않고 도움을 주었다. 기사를 써주고, 용돈을 주었으며 거물 섭외에 나서주었다.

그렇게 시간이 흘러 잡지에 온 힘을 쏟던 1967년, 고등학교를 졸업하게 된 그를 보고 교장 선생이 말했다. "너는 감옥에 가거나 백만장자가 될 것이다."

청소년지 〈스튜던트〉는 학업에서 뒤처진 고교생 출신 브랜슨에게 무모한 도전이었다. 하지만 그는 잡지를 만들며 작은 것도 실행으로 옮기는 것이 얼마나 중요한지를 자연스럽게 터득했다. 결국 그는 집요한 인터뷰 요청과 설득 끝에 영국의 유명 여배우이자 인권운동가인 바네사 레드그레이브에게 축하 메시지를 받는 데 성공한다. 심지어 1967년 발매된 비틀즈의 음반 재킷을 디자인한 피터 블레이크에게도 연락했다. 그는 창간호에 들어갈 그림을 그려주고 인터뷰에도 응해주었다.

물론 당시 청년들의 우상이었던 록밴드들에게도 우편을 보냈다. 그중 믹 재거와 존 레논도 인터뷰에 응했다. 존 레논과는 이야기가 잘돼서 그의 오리지널 레코딩을 잡지부록으로 수록하게 해주겠다는 답변을 홍보책임자로부터 받은 일도 있었다.

브랜슨은 잡지 10만 부를 찍을 계획으로 레코딩만을 기다리고 있었는데, 존 레논 측에서 약속대로 테이프를 보내주지 않았다. 브랜슨은 변호사를 통해 소송하겠다는 편지를 보냈다. 그러자 애플코퍼레이션에 방문하면 레코딩을 들려줄 수 있다는 답장이 돌아왔다. 브랜슨은 부랴부랴 달려가서 존 레논과 그의 아내 오노 요코와 함께 지하 작업실에서 원본을 들을 수 있었다. 하지만 잡음과 함께 들려온 소리는 사람의 심장

소리였다. 레논과 요코는 눈물을 흘리며 포옹하고 있었다. 배 속 아이의 소리가 분명했다.

당시 두 사람의 상황은 이랬다. 요코는 아이를 유산한 상태로 좌절했고, 레논은 마리화나 혐의로 은거한 상태였다. 결국 레코딩을 배포할 수 없어서 그들의 인연은 이렇게 마무리되었다. 아쉬운 일이지만 이것은 앞으로 브랜슨이 겪을 수많은 난관에 비하면 일상의 먼지와도 같았다.

브랜슨은 〈스튜던트〉를 통해 어느 정도의 성공을 거뒀는데, 이 과정에서 항상 음악을 틀어놓고 있다는 사실을 떠올렸다. 그리고 사람들이 한 끼 식사비용은 아까워하면서도 인기 록밴드의 음반은 아무리 비싸도 구매하고 있음을 알게 되었다.

그사이 잡지를 만드는 인원은 20명으로 늘어났다. 어떻게든 돈을 벌어야 할 상황에 놓인 것이다. 그러던 중 정부가 소매가격 유지협정을 폐기했는데도 레코드 업계가 할인판매를 하지 않고 있다는 사실을 알게 되었다. 그는 시험 삼아 레코드를 저렴하게 판매한다는 광고를 잡지에 실어보았다. 그랬더니 우편 주문에 엄청난 문의가 들어왔고 보지도 생각지도 못한 현금이 계좌에 들어왔다. 레코드업으로 성공할 수 있는 첫

가능성을 엿본 것이다. 브랜슨은 이제 돋보이는 이름의 회사를 차려야 한다는 사실을 직감적으로 느끼고 있었다.

그때였다. 직원들 가운데 한 여자아이가 아이디어를 냈다. 직원 중에 처녀가 한 명도 없고, 우리 모두 초짜이니 회사 이름을 버진Virgin으로 짓자는 것이었다. '버진레코드', '버진플라이트', '버진콜라', '버진갤럭틱' 등등. 현재 수많은 계열사를 거느린 대형 버진그룹이 탄생하는 순간이었다. 이때가 브랜슨이 만 20세가 되는 1970년의 일이었다.

그렇게 생겨난 버진레코드는 옥스퍼드가에 첫 매장을 낸 후 상당히 좋은 성과를 거두었다. 또 젊은이들이 레코드숍에 들어와 음악과 시간을 함께 보내는 일종의 커뮤니티로 성장했다. 하지만 장사가 잘되어도 점차 적자가 커지고 있었다. 우편 주문 시절부터 음반을 너무 싸게 판 까닭에 마진이 남지 않은 것이 원인이었다. 브랜슨은 궁극적으로 레코드회사를 세워야 성공할 수 있다는 사실을 서서히 깨달아가고 있었다.

문제는 녹음실이었다. 브랜슨은 레코드사를 설립하는 도중 어느 무명 가수와 만날 수 있었다. 마이크 올드필드였다. 그는 버진레코드와 계약한 첫 번째 아티스트였다.

1973년의 영미 음악계는 데이비드 보위를 중심으로 하는 소위 글램록이 젊은이들 사이에서 큰 인기를 얻던 시대였다. 글램록은 록음악의 극단적인 하나의 형태로 보면 된다. 일반적이지 않은 화장과 의상을 하고 음악 또한 3~4분 내의 듣기 편한 음악이 아니라 앨범 자체가 클래식 교향곡처럼 1시간 반에 이르는 형식을 갖추었다.

　이런 배경에서 탄생한 마이크 올드필드의 음반은 오직 음악성으로만 승부하는 심오한 연주곡이었다. 상업성은 떨어졌지만 마니아층의 열렬한 지지를 받으며 버진레코드에 거대한 수익을 가져다주었다. 이후 브랜슨은 뛰어난 뮤지션들을 영입하려고 했지만, 골리앗 레코드사와의 경쟁에서 번번이 가로막히고 말았다. 하지만 버진레코드의 멤버들은 그 와중에도 보석을 발굴하고 성공을 거두었다. 그리고 브랜슨은 이 과정에서 영화, 비디오 등에 손을 대며 크고 작은 성공과 실패를 반복했다.

　어쨌거나 그가 버진레코드를 성공시킨 이후 감행한 가장 놀라운 선택은 버진항공사를 설립한 것이었다. 물론 버진레코드의 임원들은 생뚱맞은 항공사 진출에 반대했을 것이다. 하지만 브랜슨은 영국에서 예약이 쉽지 않은 노선이 있다는 사실 하나만으로 일사천리 항공사업을 진행시켰다. 그렇게 우여곡절 끝에 버진항공이 탄생하게 된다.

현재 리처드 브랜슨은 전 세계 200여 개 계열사와 수만 명의 직원을 거느린 영국의 대형그룹을 이끌고 있다. 이처럼 무모한 도전을 통해 최초로 우주여행을 성공시킨 인물, 그 이면에는 록음악의 상상력을 타고 레코드회사를 만든 놀라운 이야기가 숨어 있었다.

1978년, 밴엔제리스가 아이스크림 시장을 제패하지 않았더라면

노래로 인생을 바꾸는 일은 과연 쉬운 일일까? 개인적으로 노래 하나로 삶의 진로를 바꿀 수는 없지만 좋아하는 노래처럼 인생이 바뀌는 일은 자주 봤다. 흔히 말하는 "가수가 제목 따라간다"는 속설이다.

예를 들면 글로리아 게이너의 'I Will Survive'가 그렇다. 1978년 탄생한 이래 수많은 가수가 이 곡을 리메이크했다. 영화 '마션' 등 다양한 영역에서 재생산된 것도 모자라 걸그룹 아이브의 노래 'After Like'(2022년)에까지 샘플링되며 현재까지 살아남고 있다.

그렇다면 일론 머스크처럼 록에 영향을 받아 기업을 일군 인물이 또 있을까? 여기 록음악을 좋아한 나머지 인생을 바꾼 것도 모자라 사업을 성장시켜 하나의 철학으로 만든 인물이 있다. 바로 미국의 인기 아이스크림 기업 벤앤제리스의 창업자들이다.

1951년 한국에서는 6·25전쟁이 한창이었던 때, 지구 반대편 미국 뉴욕 언저리에서는 벤 코헨과 제리 그린필드가 각각 태어났다. 이들은 중학교 시절 만나 친해졌지만 진로는 각자 다른 길을 택했다.

우선 벤 코헨은 대학에 진학했는데 공부가 맞지 않았다. 코헨은 한때 애팔래치아 산맥에 위치한 원주민이 사는 통나무집에 살기도 했는데 당시 턱수염이 배까지 내려올 정도로 길었다. 결국 2학년을 중퇴한 그는 맥도날드 아르바이트부터 시작해 경비, 배달, 청소, 운전 등 각종 일용직을 전전했다. 그러던 중 정서적 문제가 있는 학생들이 다니는 커뮤니티 스쿨에서 일하며 그들이 좋아하는 아이스크림에 대해 관심을 가지게 되었다.

한편 제리 그린필드는 학교 카페테리아에서 아이스크림을 파는 아르바이트를 했다. 그렇게 예비과정을 거쳐 의대에 지원했지만 두 차례나 불합격하고 말았다.

그린필드는 망연자실한 채 고향으로 돌아왔다. 코헨보다는 호리호리한 체격으로 남루한 옷차림을 한 청년이었다. 그는 특별한 희망도 없이 하루하루를 보내다 우연히 코헨을 만났다. 한마디로 서로 닮은 중학교 동창이 자유로운 히피로 성장해 다시 만난 것이다.

20대 초반 일찍이 진로가 좌절된 두 청년은 무언가를 함께 벌리기로 힘을 합친다. 1978년 두 사람은 뉴욕주 사라토가 스프링스에 살면서 새로운 식음료 분야의 사업을 구상했다. 초기에는 마땅한 일을 찾지 못해 방황했다. 그러다 결국 5달러짜리 통신교육을 받고 아이스크림 가게를 열기로 결심했다.

아이스크림 제조법을 수강한 두 사람은 저축한 6,000달러에 코헨의 아버지에게 빌린 2,000달러를 합쳐 초기 자본금을 만들었다. 그 후 버몬트의 벌링톤에 있는 낡은 주유소의 지붕과 벽을 개조한 다음 '스쿱숍'이라는 아이스크림 가게를 열었다. 이때까지만 해도 그 누구도 학교를 중퇴하고 의대에 가지 못한 두 낙오자가 훗날 미국의 유명 아이스크림 브랜드 '벤앤제리스'의 창업자가 될 것이라고는 예상하지 못했을 것이다.

스쿱숍은 다른 라이벌 가게보다 아이스크림을 양을 늘렸다. 또 크림, 과일, 초콜릿 토핑도 듬뿍 얹어주었다. 그러자 점차 인기가 높아지기 시작했고 벤앤제리스로 이름을 바꾼 후 승승장구했다. 벤앤제리스의 아이스크림은 지방과 콜레스테롤 수치가 높았지만 당시만 해도 건강식에 대한 관심이 높지 않았기 때문에 인기는 날로 더해만 갔다.

코헨과 그린필드는 손님이 많아져 매장이 좁아질 정도가 되자, 아이스크림 공장을 설립하기 위해 투자를 받기로 의견을 모았다. 이런 경우 보통 벤처캐피털이나 사모펀드, 은행 대출 같은 자금을 생각하기 마련이지만 이들은 지역사회에 공헌해야겠다는 계획으로 주식시장에서 자금을 조달하기로 했다. 우선 버몬트 거주자만이 주식을 살 수 있다는 조건으로 1984년 주당 10.5달러에 7만 3,500주를 팔아 공장을 설립했다. 당시 주민들은 경제적 여유가 없어 인당 1주를 매수한 경우도 많았는데 10년 후 벤앤제리스의 주식은 최초공모가의 10배나 올라 있었다.

벤앤제리스의 지역사회공헌정책은 여기서 그치지 않는다. 아이스크림에 들어가는 우유를 지역 낙농업자들에게 구매하고 이들에게 도움을 주기 위해 더 비싼 가격으로 구매한 것이다. 그리고 연간 7.5%를 자선단체에 기부했다.

　물론 벤앤제리스에게 위기가 없었던 것은 아니다. 문제는 높은 콜레스테롤 수치였다. 그러자 벤앤제리스는 고객의 요구에 변화를 단행했다. 현재는 저지방 아이스크림과 요구르트를 함께 생산하고 있다. 히피 2명이 단돈 8,000달러로 창업해 업계 3위로 올라선 것이다.

　그렇다면 벤앤제리스의 성공이 음악과 무슨 관계가 있단 말인가? 코헨과 그린필드는 여타 기업과는 다른 공동체적인 방식을 추구해왔다. 그리고 이것은 1960년대 히피와 공동체 생활을 했던 사이키델릭 록밴드들로부터 비롯되었다.

　벤앤제리스의 기업운영방식은 지역사회의 비영리 커뮤니티처럼 공동체적이다. 경영진과 근로자가 상당히 동등한 관계를 형성하고 있는 것이다. 간부와 직원의 급여 차이가 적고 일정한 기준에 의해 지급된다. 따라서 경영자와 근로자의 친분이 두텁고 주말에는 파티도 여는 등 관계가 좋다.

공장에서는 로큰롤이 흘러나오며 직원들은 춤을 추며 일을 한다. 코헨과 그린필드는 점프수트형 작업복을 입고 다녔으며 정장 같은 것은 찾아볼 수조차 없었다. 또 회사 주차장에는 여기저기 움푹 패어 들어간 폭스바겐이 즐비한데 이는 보여주기 위함이 아닌 내실 있는 삶을 살고 있다는 증거가 아닐까?

이제 특유의 공동체 기업 벤앤제리스가 어떻게 탄생했는지를 알려줄 차례다. 그러기 위해서는 미국 록밴드 그레이트풀 데드Grateful Dead를 빼놓고 이야기할 수 없다.

제리 가르시아 vs 체르 가르시아

1960년대 초 비틀즈가 미국 사회를 강타하자 4인조 영국 로큰롤 밴드에게 자극을 받은 얼터너티브록 장르가 샌프란시스코에 생겨났다. 타 지역도 아닌 샌프란시스코에 헤비하고 거친 대안 음악이 생겨난 이유는 이 지역에서 기성세대의 문화를 반대하는 비트운동이 생겨났기 때문이다. 비트운동이 궁금하시다면 잭 케루악의 소설 《길 위에서》나 동명 영화를 보면 된다. 비트운동을 주도한 비트제너레이션은 여러 예술공동체를 형성하며 문화를 향유했는데 이 현상을 기반으로 탄생한 음악 장르가 사이키델릭록이었다.

사이키델릭록은 포크, 록, 블루스, 하드록, 라틴음악, 인도음악 등 다양한 장르를 포괄한 음악으로 히피운동의 본산인 헤이트애시버리 지구를 중심으로 성장했다.

이것만 보더라도 비트운동이 1960년대 히피로 발전하고 이들이 사이키델릭록을 들으며 미국 사회체제에 반항해 특정 지역에서 결속을 다졌다는 것은 누구나 쉽게 생각해볼 수 있다.

1970년대나 1980년대를 둘러봐도 그렇다. 대학생들이 데모를 하거나 노동조합들이 도로를 점거할 때 빠지지 않는 것이 노래다. 사람들을 결속하는 데 가장 효과적인 도구 중에 하나임을 우리 삶을 돌이켜보면 충분히 공감할 수 있다.

히피들도 자신들의 결속을 사이키델릭록으로 더욱 굳건히 했는데 이 중 일부는 주류 팝계로 진출해 히트곡을 내기까지 했다. 그 최초는 1967년 'Somebody to Love'를 부르고 팝차트 5위까지 올랐던 제퍼슨 에어플레인으로 봐도 무방할 듯하다. 그리고 퀵실버 메신저 서비스, 그레이트풀 데드를 포함해 샌프란시스코 3대 록밴드라고 부른다. 이들이 어떤 밴드인지 록

음악을 좋아하지 않는다면 전혀 감이 안 올 수 있다. 그럴 때는 동시대에 활동하다 불같이 목을 혹사한 후 요절한 재니스 조플린의 'Summer Time' 같은 노래를 들어보시면 대략 이해가 갈 것이다.

한편 샌프란시스코 음악의 신에는 여러 포크밴드를 거치며 무명시절을 거친 제리 가르시아라는 사람이 있었다. 그는 평소 고대 이집트의 기도서를 즐겨 읽는 독특한 인물이었다. 그는 기도서의 한 구절인 그레이트풀 데드를 밴드 이름으로 팀을 결성하고 활동하기 시작했다. 여기서 그레이트풀 데드란 '죽은 자들의 영혼'을 뜻한다. 이들은 전자악기를 활용하고 히피들과 모여 살며 약물 파티에 참가해 노래를 불렀다.

이들은 단순히 노래를 만들고 부르는 것이 아니라 밴드를 위해 탄생한 공동체와 함께 거주하며 노래를 만들었고, 전국에서 열리는 페스티벌에 참가해 사이키델릭록에 매료된 팬들을 열광시켰다. 히피팬들에게는 전설을 넘어 신화적 존재가 되어가고 있었다.

그러다 보니 점차 골수팬들이 모인 팬클럽이 생겼다. 바로 '데드헤드'다. 데드헤드는 매우 헌신적이어서 사이키델릭풍으로 장식된 버스를 타고 그레이트풀 데드가 가는 곳이면 어디든 따라다녔다. 오늘날 가수를 지탱하는 팬클럽의 시초가 아니었을까. 그들은 그레이트풀 데드의 라이브를 녹음하고 연주를 기록했다. 또한 라이브를 녹음한 테이프를 유통시키기도 했다. 한마디로 데드헤드는 공동체 생활을 하며 밴드를 위해 거의 목숨을 바쳤다고 봐도 무방하다.

이제 다시 벤앤제리스 아이스크림의 이야기로 돌아와보자. 코헨과 그린필드는 스스로 히피를 자처했으며 그레이트풀 데드의 열성팬이기도 했다. 이제 벤앤제리스의 평등적 기업문화가 왜 생겨났는지 이해가 되실 것이다. 오랜 날의 사이키델릭록밴드, 그레이트풀 데드의 공동체적 문화가 벤앤제리스의 창업자들에게 강한 영향을 미쳤다고 볼 수 있다.

상당수의 사람은 히피들이 술과 마약에 심취해 군입대를 거절하는 등 미국의 질서를 파괴하는 존재로 생각하는 경향이 있다. 하지만 벤앤제리스의 사례에서 보듯이 이들은 지역사회를 살려 함께 살아보겠다는 소소한 행복을 추구하고 있었다는 사실을 알 수 있다. 능력 있는 사람이 더 큰 보상을 받아야 한다고 믿는 자본주의 성향의 사람들에게는 받아들일 수 없는 이야기일 수도 있지만 때로는 공동체 생활을 통해 이익을 나누는 삶도 좋은 대안이 될 수 있음을 벤앤제리스는 보여주고 있다.

그레이트풀 데드의 멤버 제리 가르시아는 1995년 오래도록 지속된 약물 부작용으로 생을 마감했다. 때문에 그레이풀 데스의 신화는 주춤한 듯 보였지만 이후에도 이들의 신화는 끝나지 않고 있으며 현재까지 충성팬들에 의해 끊임없이 음반이 판매되고 있다.

제리 가르시아가 생을 마감하자 벤앤제리의 두 히피 창업자 코헨과 그린필드는 그를 기리고 싶었다. 두 사람은 추모를 위해 머리를 맞대고 새로운 아이디어를 냈는데 바로 그의 이름을 딴 아이스크림, 체리 가르시아를 출시하는 것이었다.

체리 가르시아는 바닐라를 베이스로 한 아이스크림에 체리를 첨가한 상품으로 출시와 동시에 불티나게 팔려나가기 시작했다. 그리고 현재까지 전체 매출의 1, 2위를 다투는 품목이 되었다. 아이들에게는 특별한 맛으로, 성인들에게는 추억으로 기억되는 절묘한 상품이었다.

만약 제리 가르시아가 천국에서 보고 있다면 자신의 이름이 아이스크림이 되리라고는 상상도 하지 못했을 것이다. 결국 인생의 공과 실은 시도하는 자에게 돌아온다는 교훈을 다시 한번 상기하게 된다.

벤앤제리스는 아이스크림 2위 기업 하겐다즈의 견제로 어려움을 겪기도 했다. 하지만 그들이 내세운 공고한 합일의 정신으로 부동의 1위 자리를 지켜낼 수 있었다.

훗날 2000년 유니레버에 기업이 인수되면서 코헨과 그린필드의 시대도 마무리되었다. 하지만 우리 모두는 벤앤제리스가 오늘날 이렇게 성장한 배경 속에 록음악을 통한 히피들의 공동문화가 있었다는 사실을 기억한다. 많은 사람이 오랜 기간 지지하고 동의할 때는 다 그만한 이유가 있는 것이다.

록음악을 들으면 큰 수익을 낼 수 있을까?

음악을 듣는 것만으로도 인생이 바뀔 수 있다면 얼마나 좋을까? 록을 열렬히 듣는 것만으로 상상력이 폭발해 엄청난 발명품을 만들어낼 수 있다면, 짝사랑하는 사람을 향해 휘트니 휴스턴의 'I Will Always Love You'를 수천 번 불러 연인을 얻을 수 있다면 우리는 수만 번도 부를 수 있으리라. 사업에 실패해도 '거꾸로 강을 거슬러 오르는 저 힘찬 연어들처럼'를 듣고 다시 재기할 수 있다면, 또 "괜찮아 잘 될 거야"로 시작되는 '슈퍼스타'를 부르고 다시 재기할 수 있다면 얼마나 좋을까?

코로나가 정점에 있고 주식시장이 활황이던 2021년을 전후로 국내에는 부자 관련 책들이 인기였다. "부자가 될 수 있는 방법", "10억을 버는 비밀" 등등의 주제 말이다. 그중 구체적인 목표를 하루 100번씩 100일 이상 쓰면 부자가 된다고 하는 책이 베스트셀러가 오른 일이 있었다.

원하는 목표를 반복적으로 생각하는 것은 성공에 다다르는 대표적인 방법 중의 하나다. 하지만 문제는 꼭 그런 일이 벌어지지 않는 변수에 있다. 용한 점쟁이는 곧잘 맞추기도 하지만 틀리기 때문에 문제가 생기는 것이다. 즉 명리학은 과학이 아니라는 맹점이 있다.

나는 이런 질문을 종종 받아왔다. "가수들은 노래 제목 따라간다던데 정말 그래요?" 어떤 음악을 반복적으로 듣는 훈련을 할 때 가사처럼 유사하게 살 수 있냐는 것이었다. 물론 성공적인 기업환경을 위한 생산성 향상에 관한 연구는 상당

기간 지속되어 왔다. 하나의 예로 "사무실에서 음악을 들으면 업무에 도움이 될까?"라든가, "현장에서 음악을 들으면 생산성이 향상될까?"에 대한 연구들이다.

하지만 이 부분은 과학적 추론이 불가능하다. 다만 노래가 한 사람의 인생을 바꿀 수 있느냐는 부분은 지극히 개인적이고 심리적인 문제지만, 기업 입장에서는 생산성을 높여 큰 수익을 얻을 수 있다면 한번 시도해볼 만한 가치가 있다. 이 연구들은 국내에서는 등한시되어왔던 노동음악의 역사와도 궤를 같이한다.

여기서 영국의 음악심리학자 빅토리아 윌리엄슨을 빼놓을 수 없다. 그는 자신의 책 《음악이 흐르는 동안, 당신은 음악이다》에서 몇 가지 흥미롭고도 역사적인 노동음악사의 변화를 포착했다.

1900년대 초반, 포드사를 설립한 헨리 포드가 컨베이어 벨트로 성공을 거두며 전 세계에 대량생산의 시대를 열었다. 하지만 이로 인해 근로자들은 반복작업에 의한 무기력, 권태로 인해 집중력 감퇴로 오히려 작업능률이 저하되는 현상을 겪었다. 1936년 발표된 찰리 채플린의 무성영화 '모던타임즈'를 보면 쉽게 이해가 갈 것이다. 오죽하면 대량생산 공장에서 고통을 받는 인간을 다룬 코믹영화까지 나왔을까?

이때부터 작업장에서 음악을 듣는 것이 생산성에 도움을 줄 것인가에 대한 본격적인 연구가 있었다. 대체적으로는 긍정적인 결과가 나왔다. 작업자들의 움직임이 흘러나오는 음악 리듬과 일체화되면서 일의 속도가 빨라진다는 것이다. 하지만 후속 연구에서 음악요법은 주로 반복업무를 하는 작업장에서나 효과가 있다는 결론에 다다르게 된다.

그렇다면 현대로 넘어와 사무실 컴퓨터 앞에서 음악을 듣는 것은 어떨까? 사무실에서 우리가 하는 일이라고 하면 그 영역은 참으로 다양하다. 디자인, 소프트웨어 개발, 미디어, 회계 등등. 이렇게나 각기 다른 작업환경에서 음악은 능률을 올리는데 긍정적일까?

빅토리아 윌리엄슨은 밀도 높은 두 가지 연구를 통해 긍정적인 사실 하나를 이야기한다. 바로 미국 그레그 올슨의 연구와 영국의 안넬리 베로니우스 하케의 연구다.

우선 그레그 올슨의 연구에서는 헤드폰으로 음악을 듣는 집단에서 음악을 듣지 않는 집단보다 업무를 수행하는 진척도가 높았다. 또한 환경에 대한 만족도도 높았고 열정적인 모습을 보였다.

안넬리 베로니우스 하케의 연구에서는 295명의 실험자 중 36%가 근무 중 음악을 들었으며 그중 86%가 헤드폰을 사용했다. 이 조사에서 밝혀진 것은 사무실에서 듣는 음악이 '청각적 보호막' 역할을 한다는 것이었다. 이 청각적 보호막은 스트레스로부터 자신을 보호, 격리하고 더 나아가 공공장소에서 일종의 도피처 같은 사적 공간의 역할을 한다. 특히 헤드폰으로 음악을 듣는 행위는 스트레스를 유발하는 소음을 차단하고 자신이 있는 자리를 영감이 가득한 공간으로 채운다.

물론 반대의 경우도 존재한다. 영국의 심리학자 애드리안 퍼냄과 애나 브래들리의 실험이 그렇다. 3곡의 인기 노래와 함께 진행된 기억력과 독해력 검사에서 외향적인 사람에 비해 내향적인 사람이 나쁜 점수를 받았다. 즉 내향적인 사람에게 사무실에서의 음악 청취는 오히려 방해가 될 수도 있음을 알 수 있다. 어느 정도 동의하는가?

한편 2010년쯤 국내에서는 학습과 업무능력에 도움을 준다는 이유로 손바닥만 한 백색 소음장치가 크게 유행을 했던 일이 있었다. 타오르는 듯하다가 잠잠해졌던 백색소음 열풍은 유튜브가 인기를 얻으며 ASMR 유행으로 이어져갔다.

ASMR을 들으면 집중력을 높이거나 수면장애 등에 도움이 된다는 것인데, 현재 유튜브에서는 자연음을 활용한 다양한 ASMR이 인기를 얻고 있다.

하지만 ASMR이 업무집중이나, 두뇌 향상, 스트레스 해소에 좋다는 것은 과학적인 근거가 없다. 퍼냄과 브래들리의 실험에서 보듯이 개인의 성향과 심리가 중요하게 고려되어야 하는 영역인 것이다.

이제 이 논란의 결론을 내자면 음악은 반복적인 작업환경에 도움을 준다. 그러나 복잡한 작업이 수반되는 사무실에서 집단적으로 음악을 들려주는 것은 능률의 향상과 무관하다. 다만 개인적으로 음악 듣기를 원하는 경우 헤드폰을 허용하면 청각적 보호막 효과로 스트레스를 줄일 수 있다.

그렇다면 일론 머스크나 벤앤제리스의 창업자처럼 노래가 성공의 원인이 되는 것은 오직 개인의 의지와 취향의 문제인 걸까? 과학적이지는 않더라도 다수의 현상과 결과가 있다면 분명 이유가 있다고 가늠해본다. 기독교나 불교 같은 종교나 명리학을 믿는 것도 그런 맥락이 아닐는지.

따라서 슬픈 노래보다는 긍정적인 노래를 많이 들어보라.

분명 그에 상응하는 행운이 돌아오리라 생각한다. "가수가 제목 따라 간다"라는 속설이 완전히 틀린 말은 아님을 투자의 귀재 워런 버핏의 이야기에서 다시 한번 증명해볼 것이다.

강렬한 비트가 인체에 미치는 영향

멜로디는 과학으로 풀자면 '주파수'다. 사람이 정상적인 귀로 들을 수 있는 범위의 주파수는 평균 20~2,000hz 사이. 이처럼 음악은 뇌파에 영향을 미치는데 특히 강렬한 사운드의 음악이 그렇다. 절정에 달할 때는 10,000hz의 고음역대를 구성하기도 한다. 그렇다면 우리는 왜 때로는 소음처럼 느껴지는 높은 주파수의 음악을 애써 찾아 듣는 것일까? 또 지나간 전설의 록밴드가 그토록 오래 생명력을 유지하는 이유는 대체 무엇일까?

그동안의 주파수 연구를 통해 얻은 결론은 하나다. 록음악이 가진 지속적인 고음 영역이 인간의 뇌를 가장 빠르게 자극하고 깨우기 때문이다. 우리는 노래를 단순히 듣는다고만 생각한다. 하지만 음악은 귀로 들어와 고막을 지난 후 뇌의 측두엽을 자극한 다음 내면의 심리로 연결된다. 인간의 뇌는 1,000억 개의 뉴런으로 구성되어 있는데 이것이 활발하게 움직여야 뇌가 깨어나고 우리 삶이 활력을 받는다. 이 기작은 매우 빠르고 복합적인 병렬과정이다.

한마디로 록은 이 뉴런이 반응하는 데 가장 효과적인 수단이다. 아마도 일론 머스크가 록에 빠졌던 이유도 이 때문이 아니었나 싶다. 본능적으로 고주파를 이용해 창의력을 이끌어내고, 지구의 판도를 뒤바꿀 위대한 발명품을 만들기 위해.

 천재 기업가 '일론 머스크'에게 사업 아이템을 선사한 곡
Space Oddity | David Bowie

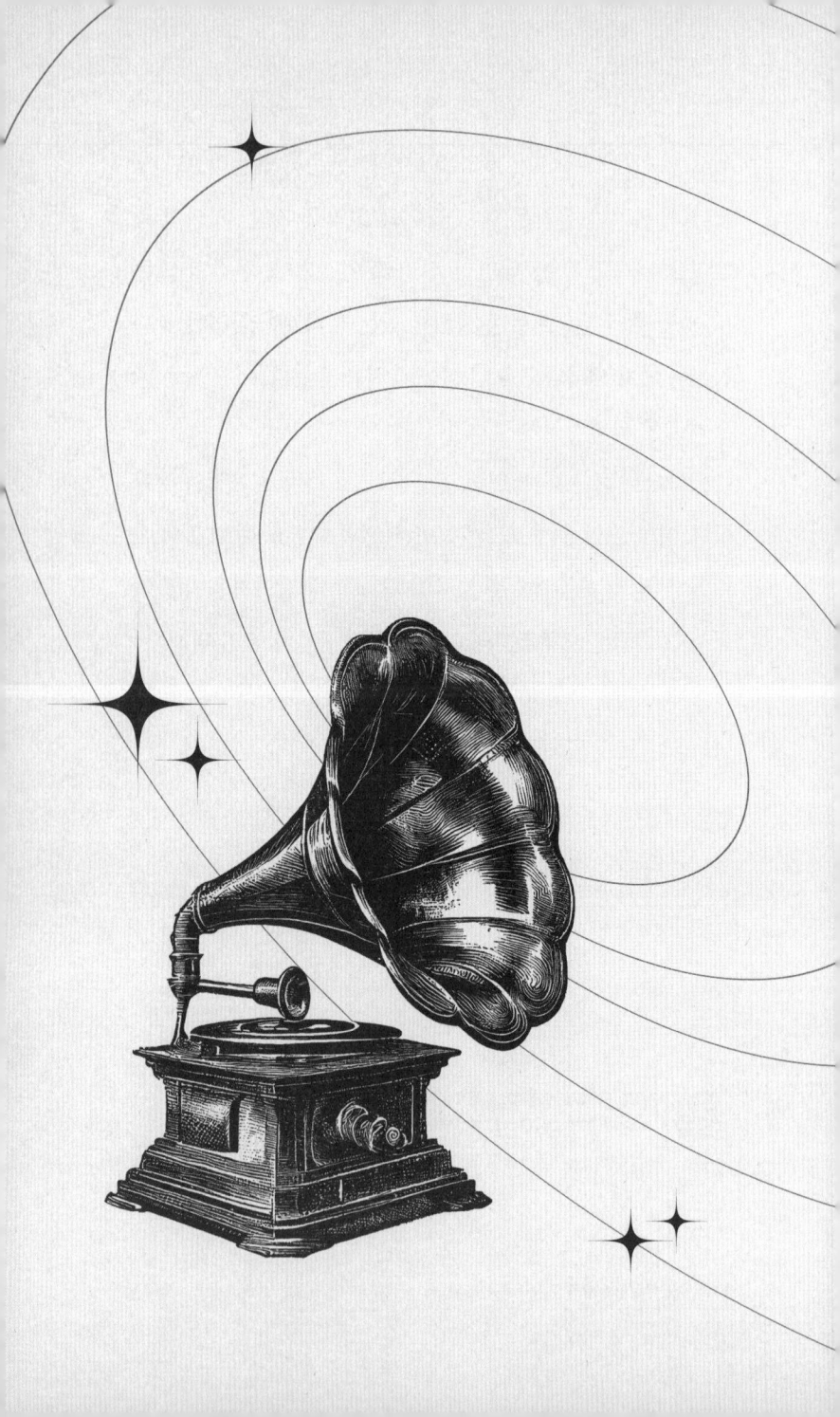

04

최면력이 생기는 멜로디

긍정의 얼굴로 인류에게 최면을 거는 마법, 팝송

"삶의 스펙트럼을 시처럼
흥얼거리는 순간 꿈의 사이클은
100% 당신의 차지가 될 것이다."

스티브 잡스의 아이팟에는 어떤 노래가 들어 있을까?

2011년 10월 5일 벌어진 일이었다. 애플의 창업자 스티브 잡스가 췌장암으로 사망했을 때, 사람들은 위대한 기업가가 떠난 사실을 슬퍼하면서도 한편으로는 아이폰의 미래에 깊은 우려를 표명했다. 애플이 매킨토시 컴퓨터와 아이폰을 통해 보여준 혁신적인 제품은 오로지 잡스라는 인물의 천재성과 집요함의 결과물로 만들어진 것이라 여겼기 때문이다. 현재 애플은 팀 쿡이 지휘봉을 잡은 후에도 2조 달러가 넘는 시가총액을 자랑하는 위상을 유지하고 있지만, 잡스가 일군 성과에 있어서만큼은 여전히 그의 황금기를 그리워하는 사람들이 많다. 지금도 그의 일대기와 중요한 순간을 다룬 두 편의 영화가 제작되었고, 그의 업적에 대한 다양한 분석이 끊임없이 연구되고 있다.

그렇다면 세계의 전문가들이 사후에도 그에게 열광하는 이유는 무엇일까?

애플이 아이폰과 아이패드 시리즈를 연달아 발표하며 세계 시장을 석권한 것에 대해 사람들은 모두 잡스를 동경의 눈으로 바라보았다. 그의 리더십, 생각, 의상, 과거 등을 말이다. 그런데 애플의 성장과 아이폰의 등장에 있어 음악의 중요성은 다소 뒷전으로 밀린 감이 없지 않다.

한편 잡스의 인격 형성과 미니멀리즘으로 대변되는 버림의 철학은 그가 추종한 동양철학을 바탕으로 한다. 잡스가 이렇게 동양사상을 마음속에 간직하게 된 배경에는 그의 불안정한 어린 시절의 가정환경과 1960~1970년대 일어난 반문화와도 연관이 깊다. 특히 이 반문화는 미국의 대중음악과 결합하여 하나의 역사를 만들어냈다. 이 격동의 시대에 잡스는 반문화를 기반으로 한 밥 딜런과 비틀즈, 샌프란시스코록을 즐겨

애플의 창업자 스티븐 잡스. 팝송을 향한 끝없는 애정이 '손안의 혁명' 아이팟을 탄생시켰다.

들었으며, 이것은 훗날 잡스가 혁신적인 제품을 만들어내는 데 상당한 영향을 미쳤다. 과연 반문화가 만든 음악은 불세출의 기업가와 무슨 연관이 있는 것일까?

2009년 작가 월터 아이작슨은 잡스를 인터뷰하면서 그의 아이팟에 어떤 노래가 들어 있는지 물었다. 대략의 리스트는 다음과 같다.

>밥 딜런 'One Two Many Mornings', 'Mr. Tambourine Man'
>조앤 바에즈 'Love Is Just a Four Word'
>도너 'Catch The Wind', 'Mellow Yellow'
>그레이트풀 데드 'Uncle Johns Band'
>조니 미첼 'Little Green', 'Both Sides Now'
>존 메이어 'Gravity'
>비틀즈 'A Hard Day's Night', 'Abby Road', 'Let It Be'

물론 클래식도 빼놓을 수 없다. 베네딕트 수도회가 부르는 그레고리안 성가 'Spiritus Domini', 요한 제바스티안 바흐의 '브란덴부르크 협주곡 제2번' 등이다.

이 리스트를 보면 잡스의 음악적 취향이 두 가지로 나뉜다는 사실을 알아차릴 수 있다. 밥 딜런을 중심으로 한 반전시대의 모던포크 음악과 바흐의 정적이고 고요한 클래식이다. 그러니까 전쟁과 말살을 반대하는 밥 딜런의 음악을 좋아하면서도 한편으로는 마음의 평화를 찾기 위해 바흐를 선택했던 것이다.

우리는 잡스의 선곡 리스트에서 밥 딜런의 진면목을 발견할 수 있다. 잡스는 어떻게 하다 밥 딜런류의 취향을 가지게 되었는지, 그리고 그것이 어떻게 애플의 발전으로 이어졌는지 궁금해지지 않을 수 없다.

애플이 광고하는 CF에 '밥 딜런'이 등장한다고?

1950년을 전후해 미국은 제2차 세계대전을 겪고 난 후 사회 내 공산주의와 싸웠는가 하면, 베트남 전쟁에 개입함으로써 혼돈의 소용돌이에 빠져들게 된다. 이런 과정을 겪은 시기에는 미국의 베이비붐 세대가 성인이 되어 인권의 중요성이 부각되었으며 당대의 젊은 층은 기성세대의 보수적인 생활방식과 의사결정에 강한 불만과 저항심을 가졌다. 이런 집단적인 감정은 다양한 형태로 표출되었는데 사람들은 이 소용돌이 시대를 반문화라는 이름으로 불렀다.

반문화는 미국을 건설한 보수적인 기성세대에 대한 반기로써, 경제적으로 풍족한 백인 중산층과 기독교인에게서 시작되었다. 한마디로 기존의 전통적인 관습이나 가치를 부정하는 것에서 기인하고 있다. 그들은 장발이나, 청바지, 턱수염같이 히피들이 즐겨 했던 스타일, 동성애 등에 관심을 가졌으며 흑인들의 은어를 사용해 자신들을 타 집단과 구별했다.

또한 반문화라는 단어에서 풍기듯 자유로움을 추구하며 공동체 생활을 했는데, 이들의 삶을 유지하고 즐거움을 주었던 것 중 하나가 음악 콘서트였다. 특히 전쟁 따위의 것들에서 탈피해 인간성을 되찾아줄 구세주가 절실히 필요했다. 스티브 잡스의 청년 시절에는 바로 밥 딜런이 그런 인물이 되어주었다. 훗날 잡스는 애플이 광고하는 CF에 밥 딜런을 등장시킬 정도였다. 그렇다면 밥 딜런은 어떤 인물이었을까. 잡스는 어떻게, 왜 그를 우상으로 삼았던 것일까?

밥 딜런의 본명은 로버트 짐머맨. 1941년 미국 중북부에 있는 미네소타에서 태어났다. 그는 청소년 시절 가수가 되기 위해 뉴욕에 정착했는데 그 과정에서 딜런 토머스의 시를 읽고 감명받아 예명을 밥 딜런으로 정했다.

이 시기 그는 언어의 가장 높은 단계라 할 수 있는 시(詩)가 음악을 통해 구현될 때 말보다 더 강력한 힘을 발휘한다는 것을 어느 정도 추측했다. 특히 이때까지만 해도 시는 사람들에게 깊은 울림과 양식을 심어주는 하나의 문학으로써 대접을 받는 시기였다. 때문에 당시 밥 딜런이 시도했던 시와 모던포크의 만남은 매우 강력한 호소력을 지녔다고 볼 수 있겠다.

또한, 이 시기 미국의 베이비붐 세대들은 성인이 되면서 핵무기의 개발, 인종차별 등의 문제 같은 사회 부조리에 관심을 두기 시작했는데, 그들의 정신과 대답을 노래를 통해 우회적으로 멋지게 표현한 인물이 바로 밥 딜런이었다.

밥 딜런은 맑은 음색과 창법으로 떠오른 가수 조앤 바에즈와 연인관계를 유지하며 점차 이름을 알렸다. 특히 잡스가 가장 좋아했던 'Mr. Tambourine Man'은 탬버린을 치는 사람에게 노래를 불러달라고 읊조리는 곡으로 모두가 열광한 희대의 팝송 중의 하나였다. 이 곡이 공감을 받으며 인기를 얻은 이면에는 1960년대를 바라보던 젊은이들의 절망과 소망이 담겨 있다. 잡스도 같은 대열에서 세상을 바라보았을 것이다.

밥 딜런이 이 곡을 만들면서 전략적으로 어떤 메시지를 던지려 했을 것으로 생각하지는 않는다. 다만 1960년대 정치사회 현상들을 체험하면서 피부로 느낀 미국인들의 감정을 자연스레 노랫말로 만들었을 것이다. 그리고 잡스를 포함한 그 시절의 젊은이들은 딜런의 무덤덤한 목소리를 들으며 가슴 깊은 곳에서 끓어오르는 무언가를 느꼈을 것이다.

밥 딜런을 포함해 당시 반전, 인종차별, 개방적인 성을 외치던 가수들은 자유를 찾아 뉴욕을 떠났다. 하나둘 서부도시 샌프란시스코에 모여들기 시작했고 LSD 등의 약물과 섹스, 로큰롤에 심취하는 과정에서 욕구를 충족시켜주는 새로운 장르, 샌프란시스코록(사이키델릭록)이 탄생했다. 이들은 집단거주라고 부르는 공동생활을 하면서 자유롭게 살자는 강령을 가지고 음악을 해왔다.

대표적인 밴드들이 잡스의 플레이리스트에 들어가 있다. 그레이트풀 데드를 비롯한 제퍼슨 에어플레인, 재니스 조플린 등이었다.

그런데 여기서 흥미로운 사실은 밥 딜런 같은 가수들이 샌프란시스코에서 노래를 통해 존재감을 드높이던 시기에, 근처 실리콘밸리에서는 컴퓨터 산업에 눈을 뜬 젊은이들이 있었다는 점이다.

하지만 두 집단은 1960년대까지는 서로에게 친근감을 가지지 못했다. 문화주의자에게 컴퓨터는 인간성을 말살하는 도구에 불과했다. 하지만 컴퓨터가 점차 개인화되면서 오히려 개인의 자유를 표현하는 데 효과적인 도구라는 것을 깨닫는다.

예를 들면 캘리포니아 오클랜드에서 태어나 컴퓨터 업계와 반문화를 몸소 체험하며 저널리스트로 성장한 존 마르코프는 그의 저서에서 이렇게 서술했다. 사람들을 통제하는 도구로 인식되던 컴퓨터가 이제 오히려 개인의 자유를 상징하는 것으로 인식되고 있다고 말이다.

잡스 또한 이러한 환경에서 상당한 영향을 받았던 것으로 여겨진다. 그가 받은 영향을 가늠해볼 수 있는 단서는 2005년 6월, 미국 스탠퍼드대학교의 졸업식 연설에서 확인해볼 수 있다. 당시 그가 연설 끄트머리에 외친 "늘 갈망하고 우직하게 나아가라"는 훗날 잡스가 어떻게 컴퓨터 제국을 건설했는지를 알려주는 상징적인 장면으로써 회자되고 있다.

잡스는 이런 과정을 통해 반문화의 소용돌이 속에서 자연스레 개인용 컴퓨터 업계로 넘어온 수많은 인물 중의 하나였다. 물론 다수의 인물 가운데 군계일학으로 빛이 나게 된 원인을 하나로 설명하기는 어려울 것이다. 다만 잡스는 "늘 갈망하고 우직하게 나아가라"를 실천하는 동안 인류의 가장 중요한 욕구가 음악이라는 사실을 깨달았음이 분명하다. 그는 2000년 디지털 음악의 발전을 이룬 MP3 공유사이트 '냅스터Napster'가 등장했을 때, 아이튠스를 통한 돌파구를 마련했을 정도로 노래가 중요한 비즈니스 동반자였다.

하지만 애플의 사업은 결국 자신이 좋아하는 음악에서 발목을 잡고 말았다. 1978년 비틀즈의 음반사 애플코퍼레이션이 애플컴퓨터에 상표권 침해를 이유로 소송을 제기한 것이다. 이 소송은 애플이 비틀즈 측에 8만 달러를 지급하고 몇 가지 조항을 이행하는 것으로 끝이 났다. 하지만 애플은 다시 음악사업을 시작하면서 새로운 협상이 필요한 상황에 돌입하게 되었다.

애플의 제품은 단순한 외관을 가지고 있지만 사실상 깊숙이 들어가보면 그 이면에는 다양한 욕구가 잠재되어 있다. 잡스는 마음속에서 "늘 갈망하고 우직하게 나아가라"는 긍정의 최면을 걸며 끊임없이 색다른 컴퓨터를 만들기 위해 노력했다. 그런데 이 신념 속에는 미국의 반문화 역사와 그들을 위한 음악이 내재되어 있다는 사실을 잊어서는 안 된다. 단순하고 간결한 디자인을 브랜딩한 애플컴퓨터, 인간의 욕구를 한 손에 담아낸 아이폰은 밥 딜런을 포함한 모던포크, 샌프란시스코록을 거치며 축적된 팝의 역사와 음악의 결합 속에서 탄생했음을 말이다.

백만장자 워런 버핏은 왜 주주총회에서 팝송을 불렀나?

스티브 잡스가 미국 서부에서 두각을 나타내던 시기, 동부에서는 거물로 새롭게 떠오르는 인물이 있었다. 바로 투자의 귀재 워런 버핏이다. 그는 장기적인 안목에서 버블이 끼어 있는 IT기업보다 전통적인 기업에 돈을 대는 '가치투자'로 이름이 높았다. 그런데 2000년대 들어 아이폰이 등장한 이후 워런 버핏은 애플에 자금을 넣기 시작했다. 그가 기존의 스타일을 깨고 왜 유망 IT기업에 투자했는지에 대해서는 아무도 모른다.

그는 자신의 인생에서 언제나 고집스러운 '마이웨이'를 달려왔기 때문이다.

워런 버핏이 설립한 투자회사는 매년 주주총회를 개최한다. 이때 그는 프랭크 시나트라의 'My Way'를 부르며 딱딱한 분위기를 온화하게 풀어주었다.

워렛 버핏은 왜 하필 이 노래를 불렀을까? 나의 길을 가겠다는 일종의 자기최면이자 투자가들에게 자신의 철학을 만천하에 공포하려던 것은 아니었을까? 그렇다면 일단 워런 버핏이 'My Way'와 운명처럼 조우한 1969년 이전으로 돌아가 보자.

현존하는 미국 투자업계의 귀재 워런 버핏은 1930년 8월 30일 미국 중서부의 오마하에서 태어났다. 이 글을 통해 반복적으로 증명하겠지만 버핏이 어려서부터 투자와 사업을 시작한 것이 그가 위대한 투자가가 되는 매우 중요한 요인이라고 볼 수 있다.

버핏은 6살 때 할아버지의 식료품 가게에서 마음껏 초콜릿과 빵을 먹으며 사람들이 식료품을 사가는 모습을 지켜보았다. 그때 할아버지가 조금씩 이익을 남기며 물건을 파는 모습을 보고 장사의 원리를 작게나마 생각해 볼 수 있었다. 그리고 동네 주민들에게 껌을 팔아본 경험이 작은 성과를 거두자 다음으로는 콜라를 팔아 더 많은 이윤을 남기기 시작했다. 가족들과 아이오와에 여행을 갔을 때조차 콜라를 팔 정도로 장사에 적응하고 있었다.

8살 때는 음료 병뚜껑을 모으기 시작했다. 사람들은 왜 그러는지 신경도 쓰지 않았지만 그는 식당과 카페를 돌아다니며 종류별로 병뚜껑 개수를 셌다. 어떤 음료가 잘 팔리는지 알기 위해서였다. 심지어 식당과 자판기 음료수의 병뚜껑을 다르게 분류했다. 그래야만 정확한 숫자를 뽑아낼 수 있다는 생각에서였다.

이렇게 어려서부터 장사를 터득하는 과정에 부친 하워드는 매우 중요한 역할을 했다. 그 이유는 그가 '버핏 앤드 컴퍼니'라는 주식중개업을 하고 있었기 때문이다. 하워드는 집안의 전통에 따라 버핏이 10살이 되던 해 가족여행을 떠났다. 그리고 버핏을 월스트리트에 데려가 유명 중개인과 점심을 함께하는 등 자본시장을 맛볼 수 있게 해주었다.

그러던 어느 날 버핏은 도서관에 갔다가《1,000달러를 버는

1,000가지 방법》이라는 책을 읽게 되었다. 이 책에서 그는 복리라는 개념을 알게 되었고 주식시장에서 자본이 복리로 늘어나는 원리를 작게나마 이해할 수 있었다. 이후 그는 아버지 회사가 있는 빌딩에 가서 증권시세표시기를 보며 숫자 감각을 몸에 익혔다.

그리고 어느 날 아버지에게 주식을 사고 싶다며 졸랐다. 하워드는 만류했지만 "일단 시작하지 않으면 절대로 부자가 될 수 없다"며 아버지를 설득해 결국 허락을 받아냈다. 버핏은 누나 도리스도 함께 투자하기를 바랐는데 그녀가 반대하자 가까스로 설득해 '시티스 서비스'란 주식을 매수했다. 그의 나이 11살이었다.

버핏은 시티스 서비스의 주식을 주당 38달러에 매수했다. 하지만 주식을 사자마자 곧바로 27달러로 떨어지고 말았다. 버핏은 떨어진 주가가 걱정되어 하루하루를 보냈고, 누나 도리스를 끌어들인 것에 대한 미안함으로 노심초사했다. 그러나 다행히 주가가 다시 올라 40달러에 매도할 수 있었고 주당 5달러의 이득을 챙길 수 있었다.

버핏은 첫 주식거래에서 세 가지 깨달음을 얻을 수 있었다. 첫째 투자에는 인내심이 필요하다는 것, 둘째 일단 투자하면

때를 기다려야 한다는 것, 셋째 타인에게 투자를 권할 때는 신중해야 하며 성공을 확신할 수 없는 경우에는 투자하지 말자는 것이었다.

버핏은 고등학교를 졸업할 때까지 다양한 아르바이트를 경험했다. 자신에게 맞는 일을 찾았는데 그중 하나가 신문 배달이었다. 그는 성실함을 넘어서 다른 아이들과는 달리 일을 했다. 배달구역을 넓혀가며 철저히 기록을 시작했던 것이다. 구독료를 내지 않고 이사 가버리는 사람들을 막기 위해 관리인에게 무료로 신문을 주며 미리 정보를 알려달라는 부탁도 잊지 않았다.

이 과정을 통해 버핏은 일과 돈에 대한 원칙을 서서히 확립해나갈 수 있었다. 또 잊지 않고 벌었던 수입에 대해 납세신고서를 제출하기도 했다. 훗날 그는 거부가 된 뒤에도 13살 때 쓴 납세신고서를 보관하고 있었다.

이 경험을 통해 버핏은 고등학교에 입학할 시기 이미 월수입이 175달러를 넘어섰다. 당시 성인 월급 215달러와 비교하면 매우 높은 수준이었다.

15세가 되었을 때 신문 배달로 모은 자산은 2,000달러를 넘어섰다. 그는 곧 아버지의 허락을 받아 철물점에 투자를 시작했다. 또한 단독으로 16만㎡의 농장을 자신이 모은 돈 절반에 사들이면서 소작농에게 농사를 맡기고 이익을 나누었다. 그리고 반 친구들과 선생님에게 자신을 소개할 때 "중서부 지역에 농장을 가지고 있는 버핏입니다"라고 말할 수 있는 위치에 이르렀다.

참고로 고등학교 졸업앨범 사진 밑에는 이런 글이 쓰여 있었다.

"수학을 좋아함. 미래의 주식중개인."

고교 졸업 후 버핏은 아버지의 권유로 펜실베니아대학교 와튼스쿨에 입학했지만 적응하지 못하고 고향으로 돌아와 네브래스카대학교에 편입했다. 그리고 평소에 하던 주식투자, 농장관리 등의 일을 다시 하기 시작했다.

그렇게 고향 생활에 젖어 있던 어느 날이었다. 한 자동차 회사의 주식을 알게 되었다. 버핏은 카이저 프레이저의 주가를 지켜본 후 곧 가격이 떨어질 것이라고 결론 내렸다. 그는 증권거래소에 직접 걸어 들어갔다. 주식중개인은 어린 나이의 버핏이 떨어지는 주가에 돈을 거는 것을 보고 난색을 표했다. 그러자 버핏은 역으로 그를 설득하고 누나의 이름을 빌려 주가를 샀다.

결과는 어떻게 되었을까? 주가가 0달러까지 떨어지면서 상당한 수익을 얻을 수 있었다. 이 일로 담당 중개인이었던 밥 소너와도 친하게 지내게 되었다. 이후 버핏은 네브래스카대학교에서 학사학위를 받았다. 당시 20살의 나이에 그의 계좌에는 9,800달러, 우리 돈 약 1,290만원이 들어 있었다. 1950년 여름에 벌어진 일이었다.

버핏은 대학을 마치며 다른 사람들보다 투자에 한 발 더 가까워졌다고 생각했다. 그는 이제 제대로 경제학을 배우겠다는 생각으로 하버드대학교 경영대학원에 지원했다. 하지만 하버드는 주식전문가인 버핏을 반가워하지 않았다. 결국 그는 타 대학을 알아보던 중 과거 아버지의 서재에서 읽어보고 감명받았던 책 《현명한 투자가》의 저자 벤저민 그레이엄이 콜롬비아대학교에서 강의를 하고 있다는 사실을 알게 되었다. 당시 콜롬비아대학교는 신입생 전형을 모두 마감한 상태였지만 버핏은 자신이 입학하고자 하는 사유를 정성스레 편지에 적어 보냈다. 그리고 그 정성 때문인지 뒤늦게 입학허가서를 받을 수 있었다.

이후 버핏은 그레이엄 교수의 밑에서 체계적으로 투자를 배우며 수제자가 된다. 그레이엄의 요령은 주가 변동이나 거래량을 살피는 주식중개인을 비판하고, 재무재표에 기초한 분석기법을 이용해 실제보다 저렴한 가격에 주식을 매수하는 가치투자 방식이었다.

버핏은 그레이엄 교수의 방식을 어느 정도 터득하자 고향으로 돌아와 부친의 주식중개소에서 일했다. 그는 자신의 방식을 추가해 주식을 매수했는데 그중 하나가 보험회사 가이코였다. 버핏은 손님들에게 가이코 주식을 권유했지만 풋내기 주식중개인에게 투자가들은 흔쾌히 동의하지 않았다. 하지만 버핏은 포기를 모른 채 스스로 연구하고 터득한 끝에 분산투자 방법으로 돈 불리기를 지속했다. 예를 들면 주식투자로 이익을 내기 위해서는 늘 적절한 때를 기다려야 하므로 생활비를 마련할 수 있는 고정수입처를 찾아 텍사스 주유소를 매입한 것이다. 뿐만 아니라 항상 절약하고 저축하는 습관을 가졌다.

그렇게 2년간의 기다림 끝에 1952년에 투자했던 가이코의 주식이 2배로 뛰었다. 8,000달러에서 16,000달러가 된 것이다. 그때부터 버핏은 주식시장에서 점차 소문이 나기 시작했고, 고객들의 투자 상담이 끊이지 않고 늘어났다. 수수료도 점차 올라가고 있었다.

자신감을 얻은 버핏은 이때 돈을 좇는 행위보다 돈의 원리를 터득하는 것이 중요하다는 통찰을 얻었다. 그가 생각한 부자의 길은 지력, 창의력, 인내력을 시험하는 수단이자, 짜릿함이 존재하는 수수께끼 조각들을 연결하는 게임과 같은 것이었다. 그리고 마침내 자신이 그 답을 맞추었다는 사실을 깨달았다.

버핏은 이제 자신의 통찰을 제대로 된 환경에서 펼치기로 했다. 1956년 5월 1일 투자조합 '버핏 어소시에이츠'를 결성하고 투자가를 모으기 시작한 것이다. 버핏은 가족들과 친한 친구, 와튼 시절의 룸메이트, 부유한 의사들을 설득해 수십만 달러의 자금을 모았다.

이후 본격적으로 마이웨이를 걷기 시작해 꾸준한 수익을 얻었다. 다우존스지수가 8%나 하락했던 1958년에도 꽤 쏠쏠한 수익을 냈으며, 90명이 넘는 조합원의 최소투자금액이

2023년 미국의 경제전문지 〈포브스〉 기준 순자산만 1,076억 달러에 달하는 세계 2위 부자 워런 버핏.

10만 달러에 육박했다. 이후에도 아메리칸 익스프레스, 디즈니 등에 투자했고, 엄청난 괴력을 발휘한 끝에 백만장자의 대열에 올라섰다.

하지만 투자조합을 이끄는 일은 스트레스가 쌓이는 일이었다. 그는 1969년 즈음 자신의 법인에서 자유롭게 투자를 하고 싶어졌다. 다시 한번 마이웨이에 도전해야 한다는 마음이 물밀 듯이 밀려왔는데 그때 라디오에서 흘러나오는 어떤 노래에 강하게 매료되었다. 마치 자신의 이야기라고 생각되는 곡이었다. 바로 프랭크 시나트라의 신곡 'My Way'였다.

버핏이 투자조합을 그만두고 백만장자가 된 것을 자축한 해에 그 곡이 나왔다. 때마침 버핏이 그 노래를 즐겨 부르게 되었다는 것은 매우 흥미로운 우연이 아닐 수 없다. 버핏은 경제방송에도 종종 출연했다. 그때에도 우쿨렐레를 연주하며 'My Way'를 불렀다. 버핏이 이 곡을 즐겨 부른다는 소식은 가사를 쓴 폴 앵카에게도 전해졌고, 두 사람은 각종 행사에 함께 초대받아 당시 상황에 맞추어 노래를 개사해 부르는 일도 잦았다.

워런 버핏은 다른 공개석상에서도 곧잘 이 노래를 불렀다. 왜 그랬을까? 아마도 투자와 성공을 향한 자신의 의지를 강하게 표명한 것은 아니었을까? 우리가 버핏의 마음속으로 들어갈 수 없으니 진실은 누구도 알 길이 없다. 그래도 추정을 해보자면 앞뒤 재지 않고 가겠다는 강한 자기최면이지 않았을까 싶다. "투자시장이란, 참을성 없는 개미로부터 인내심 강한 투자가에게 자산을 옮겨주는 시스템이다"라고 한 그의 한마디처럼 말이다.

천당과 지옥을 'My Way'로 오간 두 팝가수

우리가 알고 있는 시나트라의 'My Way'는 사실 원곡이 아니다. 1967년 샹송 가수 클로드 프랑수아가 부른 노래에서 비롯되었다. 그리고 이 노래는 2명의 팝가수에게 영향을 미쳤다. 바로 폴 앵카와 데이비드 보위다.

폴 앵카는 파리에서 휴가를 보내던 중 이 곡을 번안해 부르면 히트하겠다고 직감했다. 그렇게 작업에 들어가 번안된 새로운 버전의 'My Way'가 탄생했다. 그리고 문득 놀라운 사실을 깨닫는다. 이 노래는 자신이 녹음하기보다 우상이었던 프랭크 시나트라가 불렀으면 좋겠다고 말이다. 한때 전성기를 누렸지만 비참한 말년을 겪고 있는 프랭크 시나트라에 대한 헌정이었다.

프랭크 시나트라는 대형스타이었지만 그야말로 롤러코스터 같은 인생을 살아온 인물이었다. 특히 그의 중년에서 말년은 파란만장했다. 배우 에바 가드너와 바람을 피우는 바람에 인기만큼이나 더 큰 비난을 받아야 했다. 결국 에바 가드너와 재혼하기는 했지만, 그녀와의 관계에서 심한 의처증과 음주 문제로 파산하고 만다. 심지어 술을 마시고 길거리에서 잠들어버린 일도 잦았다.

그러나 프랭크 시나트라는 성공한 사람들에게 발견되는 특유의 공통점이 있었다. 바로 앞으로 잘될 거라는 낙관적인 성격을 가지고 있었던 것이다. 또 가사의 힘으로 최면을 거는 팝송을 누구보다 사랑했다. 이러한 미래에 대한 긍정적인 태도는 그에게 새로운 재기의 발판을 마련해주었다. 결국 1953년 영화 '지상으로 영원으로'의 출연 기회를 잡으며 다시 스타로 돌아올 수 있게 된다.

사실 프랭크 시나트라는 부드럽게 노래하는 인기 가수였지만 1960년대 말이 되어가며 점차 늙어가고 있었다. 1969년 발표한 앨범이 혹평을 받고 실패하자, 시나트라도 결국 은퇴를 결심하고 마지막 공연을 준비한다.

이 공연을 위해 폴 앵카는 'My Way'를 전달했다. 시나트라는 후배의 정성에 감동했지만 흥행을 예감하지 못하고 한 번에 녹음을 마쳤다. 그의 증언에 따르면 20분 만에 끝냈다고 한다.

대중들에게 이 곡을 처음 선보인 것은 1969년. 그의 은퇴 공연에는 당시 닉슨 정부의 부통령을 비롯해 캘리포니아 주지사 내외, 모나코 왕비 그레이스 켈리 등 거물급 인사들이 자리를 빛내주었다. 공연 후에는 My Way에 대한 평론가와 언론의 극찬이 이어졌다. 그리고 놀랍게도 빅히트했다. 시나트라는 자의 반 타의 반으로 세상에 다시 복귀를 선언할 수밖에 없었다.

한편 1969년 대서양의 건너편 영국에서는 이 곡의 히트로 망연자실한 인물이 있었다. 바로 앞서 일론 머스크의 우상으로 언급된 데이비드 보위였다. 왜냐하면 그 역시도 해당 원곡을 번안해 발표할 예정이었기 때문이다. 하지만 시나트라에게서 'My Way'가 먼저 나오는 바람에 발표할 기회를 날려버리고 말았다. 그러나 데이비드 보위는 굴하지 않았다. 원곡을 자신만의 스타일로 새롭게 바꾼 'Life On Mars?'를 세상에 선보인 것이다.

세월이 흘러 'My Way'가 워런 버핏에 의해 다시 태어났다면 'Life On Mars?'는 여러 TV드라마 시리즈 제목으로 사용되었다. 심지어 한국에서도 영국 BBC가 만든 시리즈물이 방영될 정도였다.

일론 머스크, 스티브 잡스, 데이비드 보위, 프랭크 시나트라까지. 이 모두는 오랜 시간 극심한 어려움과 고독, 세상의 모욕을 극복하고 참아낸 끝에 탄생한 결과물들이다.

수십만 년 동안 살아남은 명곡들의 비밀

밥 딜런을 언급할 때면 우리가 함께 생각해볼 만한 질문이 있다. 바로 "그는 어떻게 노벨문학상을 수상했을까?"이다. 한국인들은 1위를 중시하는 경향이 더러 있다. 예를 들면 방탄소년단이 빌보드 싱글차트에서 1위를 한 것은 축하할 일이지만 왜 좋은 결과가 나왔는지에 대해서는 큰 관심을 가지지 않는다. 심지어 30대 이상은 어떤 노래가 1위를 했는지도 모르는 경우가 많다. 이것이 케이팝의 현주소다.

나는 2016년 밥 딜런이 노벨문학상을 받은 사건의 이면을 파헤치다 놀라운 사실을 발견했다. 인류 노동의 역사와 함께한 히트곡들이 '취향'이 아닌 '생존'과 관련이 깊다는 것이다.
"히트곡이 사람들의 취향이 아니라고?" 황당한 이야기 같지만 수십만 년 동안 살아남은 노래들을 보면 이 생각이 틀리지 않았음을 알 수 있다. 즉 수백, 수천 년 동안 살아남았다면 그것이 진정한 인기곡인 것은 아닐는지. 멀리 가지 않고 마이클 잭슨뿐 아니라 현재의 힙합 가수 투팍 사커, 닥터 드레의 노래도 마찬가지다. 오늘날 힙합의 세계적 인기는 우리 취향의 결과물일까? 사실은 그렇지 않다. 결론부터 이야기하자면 인류가 생존을 위해 그 노래들을 선택했고, 오랫동안 살아남아 우리가 좋아한 노래로 기억되었을 뿐이다. 믿기지 않는가? 그렇다면 지금부터 인류의 역사 속에서 그 증거들을 찾아보도록 하자.

나는 1장에서 호모 에렉투스가 귀가 발달해 살아남았다고 이야기했다. 초기 인류는 산짐승의 울음, 타 부족의 기척을 미리 감지해 살아남았고, 그들의 후손은 직립보행이라는 하나의 걸음걸이를 통해 리듬을 발견했다. 그리고 '움직이는 것처럼 소리 나는' 리듬이 발전하는 과정에서 노래의 미학이 탄생했다.

호모 에렉투스는 모닥불을 피우며 함께 부르는 노래가 있었을 것이다. 음악인류학자 대니얼 레비틴은 근육과 동작을 일치시키는 노래와 춤을 통해 강한 유대감이 형성되었고, 거대한 인류 집단이 건설되어 오늘날로 이어졌다고 믿는다. 특히 노래하고 춤추는 것을 연습한 사람들은 전장에서 승자가 될 가능성이 높았다. 이때 정서적 유대와 쾌락을 함께 얻었다고도 주장한다.

함께 노래하는 과정에서 단결하는 현상은 권력을 잡은 입장에서 매우 효과적인 지배 수단이 아닐 수 없다. 앞서 중세 메디치 가문이 교황을 배출하고 교회음악에 투자한 이유에 대해 설명했다. 즉 돈과 권력을 가진 자들은 역사 속에서 음악을 활용해 자신의 지위를 유지해왔다. 그 과정에서 연주된 바흐, 헨델 등이 만든 음악들은 현재 클래식 연주자들이 반복적으로 연주하며 음반으로 발매하는 인기 레퍼토리다. 생각해보라. 결국 그것들이 살아남은 히트곡이 아닌가?

이제 밥 딜런의 노벨문학상 수상 이유를 밝혀보기 위해 노동음악의 역사 속으로 들어가보자. 롯데 자이언츠에 전설로 남은 이대호 선수가 과거 경기장에 등장할 때 항상 흘러나오던 노래가 있다. 마치 "대~호"라는 소리로 들리는 이 곡은 가요가 아닌 팝송으로, 도입부만 들으면 마치 이대호 선수를 위해 만들어진 노래만 같다. 이 노래를 '이대호 주제가'로 선택한 최초의 구단 관계자에게 찬사를 보내고 싶지만, 사실 이 곡은 노동자의 처절한 슬픔을 부르짖고 부르짖는 노동요였다.

인기 팝가수였던 해리 벨라폰테가 부른 'Day-O The Banana Boat Song' 말이다. 이 노래는 자메이카 노동자들이 일하며 불렀던 대표적인 곡이었다. 19세기 중반부터 20세기 초까지 자메이카는 바나나를 수출했는데, 현장 노동자들은 낮에는 날씨가 더워서 주로 밤에 일을 했다. 그들은 밤에 바나나보트를 타고 부두에 나가 일하며 이 노래를 불렀다. 노래 가사도 럼주를 마시고 바나나를 선적하며 아침이 오기만을 고대한다는 내용이다.

해리 벨라폰테는 이 노동요를 차용해 노래를 부르고 세계적인 스타가 되었다. 수많은 가수가 리메이크한 것도 모자라 대한민국 프로야구팀에서까지 살아남은 것이다. 즉 생존을 위해 선택된 민요가 주류 팝계에 진출해 성공을 거두고 다시 응원가로 불리고 있다. 지금 순간에도 우리가 이 곡을 이야기하고 있지 않은가?

이제 밥 딜런의 노래로 넘어가보자. 그는 어떻게 노벨문학상을 받았을까? 가사가 뛰어난 은유로 만들어진 시여서일까? 아니면 반전운동을 열심히 한 결과물일까?

우선 사람들이 왜 1960년대에 반전운동을 지지했는지를 생각해보자. 반전운동은 평화주의적 관점에서 전쟁을 반대하는 사회 운동이다. 사실 미국이 베트남전을 참전할 때 히피들만 전쟁을 회피한 것은 아니었다. 수많은 미국인을 비롯한 세상 사람들이 전쟁을 원하지 않았다. 왜냐하면 1, 2차 세계대전의 경험이 있었기 때문이었다.

특히 전쟁을 겪지 않은 젊은 베이비붐 세대는 더욱 심했다. 그들은 그들의 생각과 의지를 대변해줄 무언가가 필요했다. 그때 그들은 음악을 선택했다. 이렇게 예술의 힘은 강력하다.

가장 빠른 효과를 볼 수 있는 도구가 음악이라는 사실을 초기 인간은 이미 간파하고 유전자 속에 깊숙이 남겼던 것이다.

반전운동을 하는 사람들은 주저 없이 밥 딜런을 선택했다. 왜 하필 밥 딜런일까? 그는 이미 1950년대 피트 시거와 함께 미국의 노동자 운동에 뛰어든 인물이었다. 포드자동차 공장을 시작으로 대량생산의 폐해가 문제로 떠오를 때쯤에는 노래가 많지 않았다. 피트 시거는 그 현장에 등장에 노래를 부른 최초의 인물이었다. 그리고 탄생한 것이 모던포크다. 포크 열풍은 국내에도 전해졌다. 양희은의 '아침이슬'이 나오는 배경이 된 것이다.

피트 시거 이후에도 여러 가수가 참여했다. 물론 그중 스타로 떠오른 인물이 밥 딜런이었다. 두 사람은 노래가 사람들을 모으고, 단결시키며, 율동과 함께 부를 때 알 수 없는 짜릿한 연대감을 준다는 것을 믿고 있는 음악가들이었다. 그들은 돈과 권력에 타협하지도 않았다. 그렇게 만든 노래들이 지금도 사람들의 입과 입을 따라 사람들의 마음속에 살아 있다. 이처럼 오직 인간의 존엄을 위해 만들어진 철학적인 노래들이 훗날 노벨문학상을 받게 된 원동력은 아니었을까?

어쩌면 현재 MZ세대가 열광하는 음악들도 우리의 취향보다는 생존과 더 관련이 있을지도 모르겠다. 이제 우리가 알고 있는 히트곡들이 역사의 관점에서 보면 생존을 위해 선택된 노래라는 것에 어느 정도 동의하는가? 동의하지 않아도 좋다. 아직 이야기는 끝나지 않았다. 못다 한 사연은 뒷장에서 다시 이어갈 계획이다.

팝송을 하루 다섯 번 들어야 하는 이유

외려고 하지 않아도 보고 듣다 보면 내 것이 되는 놀라운 순간들이 한 번쯤 있다. 특히 나는 대중음악평론가로서 가수들의 삶과 그들이 부르는 곡에 주목해왔다. 오랜 세월 한 명의 가수가 새 앨범을 녹음하고 수많은 무대에 서기까지 과연 몇 번이나 노래를 부르는지 가창 횟수를 추정해본 것이다. 그 결과 히트곡이라 가정했을 때 평균 5년에서 10년 사이 대략 10,000번은 부른다는 사실을 알 수 있었다. 이것을 5년으로 나누면 연간 2,000번은 불러야 하고, 이것을 일수로 다시 계산하면 하루 5.4번에 이르게 된다.

즉 그 정도는 노래를 반복해야 개인의 생각과 행동을 바꿔

삶의 철학으로 삼을 수 있다는 뜻이다. 물론 과학적으로 노래를 부르거나 듣는다고 그대로 된다는 보장은 없다. 또 정도의 세기와 노력의 깊이에 따라 결과도 달라진다. 그러나 "가수가 제목 따라 간다"는 말이 생겨난 것을 보면 분명 그만한 이유가 있을 것이다.

먼저 자신의 삶부터 돌이켜보자. 지금 내가 여러분에게 "부자들은 이런 음악을 좋아합니다"라고 주장하는 언어 행동이 수백, 수천 번 거듭한 결과가 아니겠는가? 그렇다고 백만장자가 되기 위해 무작정 하루 다섯 번 이상 노래를 들으라는 것은 아니다. 다만 원대한 목표를 수첩에 적어놓고 작심삼일이 되는 것보다야 노래로 무의식 속 기억장치에 새기는 편이 훨씬 쉬운 방법이다. 꼭 부르지 않아도 좋다. 이 같은 최면 원리를 고려해 듣기만 해도 소리 나는 대로 살아가게 될 것이다.

 스티븐 잡스에게 애플의 탄생과 영광을 가능하게 만든 곡
Mr. Tambourine Man | Bob Dylan

05

자신감을 불어넣는 멜로디

안 되는 것도 되게 하는 불멸의 성공 음악, 가요

"일단 팔리는 곡을 부르면
무엇이든 해낼 수 있는
중요한 내면의 단서가 된다."

'해뜰날'로 돌아온 현대그룹의 작은 거인

현대그룹 창업자 아산 정주영이 6·25전쟁으로 폐허가 된 한국을 건설하고 일으킨 인물이라는 것에는 이견이 없을 것이다. 대부분은 정주영이 불도저 같은 추진력으로 격동의 50년을 이끌었다고 생각한다. 그는 당시 우리의 기술로는 도저히 불가능할 것 같았던 경부고속도로나 중동진출 같은 사업들을 모두의 반대를 무릅쓰고 보기 좋게 성공시킨 인물이었다. 지금도 울산에 있는 엄청난 규모의 현대중공업 조선소를 보고 있노라면 과연 인간이 해낼 수 있는 일인지 놀라움을 금치 않을 수 없다. 과연 그가 가진 힘의 원천은 무엇이었을까?

지금까지 우리는 정주영 회장의 신화를 경영적인 관점에서만 바라보았다. 하지만 이번에는 그가 즐겨 불렀던 곡을 통해 그가 거둔 성공에 주목하고 싶다. 왜냐하면 애창곡은 한 인간의 내면세계를 말해주는 중요한 단서이기 때문이다. 그리고 결론적으로 그는 흥미롭게도 노래처럼 살아왔다. 노래가 그의 인생에 자신감을 불어넣은 것은 아니었을까? 그 이유를 밝히는 것은 지금부터 나의 몫이다. 그러니 이번에는 정주영의 음악을 통해 현대그룹의 역사 속으로 들어가보자.

'해뜰날'은 1975년 가수 송대관이 발표한 히트곡으로 많은 사람에게 성공의 희망을 준 노래이다. 송대관이 무명이던 시절 어머니의 치료비조차 없자 그 슬픔을 직접 가사로 써 내려간 사모곡으로 유명세를 탔다.

그렇다면 정주영에게 노래 가사처럼 '쨍하고 해뜰날'이 돌아온 시기는 언제였을까? 아마도 그는 쌀가게로 나름의 작은 성공을 맛본 후 고향으로 돌아와 아버지의 빚을 갚고 논을 사드린 때를 생각하며 '해뜰날'을 흥얼거렸을 것으로 여겨진다. 그런 그가 어떻게 무일푼으로 쌀가게를 인수하게 되었는지부터 한번 살펴보도록 하자.

정주영은 1915년 강원도 통천군 아산마을에서 6남 2녀의 장남으로 태어났다. 처음에는 농사를 업으로 시작했는데 이 일이 흉년이라는 변수에 속수무책이거니와 노동과 시간에 비해 효율적이지 못하다는 사실을 깨달았다. 그는 어떻게든 고향을 벗어나 새 삶을 시작해보려는 생각으로 몇 차례 가출을 시도했다. 그럴 때마다 번번이 부친에게 발각되어 고향으로 돌아올 수밖에 없었다. 세 번째 가출 때는 소 판 돈 70원을 들고 서울로 상경했지만, 그 시도마저도 수포로 돌아가 부친과 함께 다시 열차를 타야만 했다.

하지만 부친의 설득에도 불구하고 농사일에서 벗어나겠다는 그의 의지는 꺾을 수 없었다. 결국 300석 지주 아들 친구에게 돈을 빌려 인천항 부두에서 온갖 궂은일을 시작한 것이 첫 시도였다. 정주영은 이후 여러 곳에서 막노동을 전전하며 호시탐탐 기회를 엿보았지만 궁핍한 상황이 지속되었고, 새로운 일거리를 찾아 헤매던 중 운 좋게 복흥상회라는 쌀가게의 배달사원으로 취직하게 되었다. 그것이 정주영의 인생을 바꿔놓은 가장 중요한 순간이었다.

복흥상회는 서울 왕십리에서 미나리 장사로 자수성가한 이

현대그룹의 창업주이자 대한민국의 1세대 기업인으로 잘 알려진 대한민국의 작은 거인, 정주영 명예회장.

경성이 설립한 정미소였다. 이곳에서 정주영은 마치 자신의 것처럼 일찍 일어나 가게 앞을 깨끗이 청소했으며, 엉망인 창고를 정리해 쉽게 재고를 파악할 수 있도록 부지런히 일했다. 정주영의 성실함에 감동한 주인이 어느 날부터 그에게 장부를 맡기기 시작했고, 결국 이것이 정주영에게 쌀가게를 인수하는 기회로 작용하게 되었다.

주인은 난봉꾼으로 살아가는 아들이 가업을 물려받을 생각을 하지 않자, 정주영에게 복흥상회를 물려받고 쌀을 공급하는 조건으로 가게를 넘겨받으라는 제안을 한다. 그렇게 신용 하나만으로 정주영은 고향을 떠난 지 4년 만에 22살의 나이로 신당동에 경일상회를 열 수 있었다.

정주영의 신용이 두터워질수록 사업도 나날이 번창해갔다. 하지만 1937년 일본 조선총독부가 내린 전시체제령에 따른 쌀 배급제의 실시로 가게를 정리할 수밖에 없었다.

정주영은 은행원 월급이 70원이던 시절 15개월 치의 월급을 들고 7년 만에 고향으로 금의환향했다. 부친에게는 2,000평의 논과 함께 농사자금까지 마련해주었다. 정주영이 '해뜰날'을 흥얼거리며 기쁜 소식을 안고 고향으로 돌아오기까지 정말 셀 수 없는 많은 일이 주마등처럼 스쳤을 것이다. 특히 그 모든 일 가운데서도 소 판 돈으로 야반도주한 자신의 모습을 눈물 흘리며 가장 먼저 떠올리지 않았을까 싶다.

정주영 회장의 "이봐 해봤어?"가 사실 오마주라고?

정주영의 역사에서 두 번째 애창곡 '이거야 정말'도 빼놓을 수 없는 대목이다. 공교롭게도 '해뜰날'이 발표되던 1975년에 함께 탄생한 노래다. 가사의 내용은 한 소심한 인물이 말 한마디 꺼내지 못했던 좋아하는 이성에게 다음에 만나면 아무 말이라도 건네보겠다는 의지에 관한 이야기다.

이런 뒤늦은 후회와 다짐은 기업가도 마찬가지다. 수많은 성공 스토리 가운데 말 한마디로 계약을 성사시키는 경우는 얼마든 있다. 정주영도 그중 한 사람이다. 그가 자신의 사업 인생에서 기발한 한마디 말로 난관을 극복한 사례를 찾아본다면, 1970년 울산에 배를 건조할 계획으로 우여곡절 끝에 현대중공업을 세운 일일 것이다.

1960년대 말 현대건설을 세우고 경부고속도로 프로젝트를 완성한 정주영은 미래에 오래도록 영위할 수 있는 사업이 무엇인지 찾아보던 중 조선업을 떠올렸다. 거대한 배를 건설하는 사업은 리스크가 큰 업종이지만 많은 사람을 고용할 수 있고 관련 산업을 발전시킬 수 있는 종합기계공업이었기 때문이다.

하지만 조선소를 건설하기 위해서는 엄청난 외화가 필요했다. 정주영은 먼저 일본의 미쓰비시 쪽으로 기술도입을 시도했으나 거절당하고 말았다. 1969년에는 노르웨이와 이스라엘 회사에서 합작을 제안했다. 하지만 기술을 제공하고 배를 주문하는 대신 모든 자재구매권을 달라는 조건을 받아들이기 어려워지자, 그는 독자적으로 조선소를 건설할 계획을 세우고 런던으로 날아가 조선사 A&P애플도어의 회장을 만났다. 하지만 롱바톰 회장은 현대의 상환능력과 배를 만들 능력이 떨어진다는 부정적인 의견을 냈다. 이때 정주영은 500원짜리 지폐에 그려진 거북선을 보여주며 우리는 영국보다 300년이나 앞서 1,500대의 철갑선을 만든 역사가 있다며 현대의 잠재력을 피력했다. 이 말에 흥미를 보인 롱바톰 회장은 바클레이은행 책임자와의 만남을 주선했다.

하지만 책임자와 만남을 가질 때까지만 해도 외국 정부나 기관에서 자금을 빌려오는 차관 성사는 안개 속을 헤매고 있었다. 정주영 일행과 바클레이 은행 관계자들은 영국의 어느 식당에서 만남을 가졌다. 그들의 첫 질문은 정주영의 전공이 무엇이냐는 것이었다. 이때 정주영은 유머를 섞어 내 사업계획서를 보았냐고 역으로 질문했다. 그리고 "나는 사업계획서가 전공이며 어제 옥스퍼드대학교에 가서 그 사업계획서를 보여준 후 학위를 달라고 하니 곧바로 경제학 박사학위를 주었다. 그러니까 나는 어제 경제학 박사학위를 받았고, 그 사업계획서가 내 논문이다"라고 말했다.

곧바로 분위기는 웃음바다로 변했고, 협의도 매우 긍정적으로 변했다. 한마디의 짧은 유머가 사업을 성사시켜준 것이다. 하지만 난관은 여기서 끝이 아니었다. 영국 은행에서 돈을 빌리기 위해서는 수출보증기구의 보증을 받아야만 하는데 총재가 처음 배를 만드는 회사에게 누가 배 제작을 주문하겠냐며 의문을 제기했다. 그리고 배를 살 사람이 있다는 증거를 가져오라고 요구했다. 사실 틀린 말도 아니었다.

참고로 이 긴 이야기의 결론은 그리스 선박왕 오나시스로부터 26만 톤짜리 배 2척을 주문받음으로써 일단락되었다. 이것이 바로 오늘날 현대그룹이 세계조선업의 최고대열에 올라서게 된 역사의 장면이다. 돌아서서 후회하지 않길 바라는 "이봐, 해봤어?"가 또 하나의 신화를 만들어낸 셈이다.

그에게 시간은 곧 돈이었다. 그의 마지막 애창곡이라 불리는 '가는 세월'만 보아도 그렇다. 정주영의 사업 인생에서 시간은 그야말로 중요한 가치였다. 그는 경부고속도로 건설, 단양의 시멘트 제조공장, 사우디아라비아의 주베일 산업항 등 늘 수많은 공사에서 비용과 시간을 줄이려는 노력을 게을리하지 않았다.

정주영은 자신의 저서 《시련은 있어도 실패는 없다》에서 행동과 시간에 대해 다음과 같이 말했다.

"나는 게으름을 피우는 것에 대해 선천적인 혐오감이 있다. 시간은 지나가버리면 그만이다. 사람은 보통 적당히 게으르고, 적당히 재미있고, 적당히 편하고 싶어 한다. 그러나 그런 '적당히'의 그물 사이로 귀중한 시간을 헛되이 빠져나가게 하는 것처럼 우매한 일은 없다. 기업이란 현실이요, 행동함으로써 이루는 것이다. 똑똑하다는 사람들이 모여앉아 머리로 생각만 해서는 기업이 클 수 없다. 우선 행동해야 한다."

정주영이 "가는 세월, 그 누구가 막을 수가 있나요"를 흥얼거리는 이유에 대해서는 더 이상 언급할 필요가 없을 것 같다. 지난 세월을 아깝지 않게 생각할 사람이 누가 있을까? 여기서 우리는 그의 행동과 노력, 근면과 성실, 자신감에 대해서도 언급하지 않을 수 없다.

앞에서 언급한 500원짜리 지폐에 그려진 거북선도 마찬가지다. 사업을 성사시키기 위한 절실함과 과감한 노력의 과정에서 불현듯 솟아난 아이디어는 교육의 결과로만 생겨나는 것이 아님을 그의 인생이 보여주는 듯하다. 이 책에서 보여주는 모든 인물이 그렇겠지만 일반 사람들이 생각지 못하는 기발하고 놀라운 의사결정은 결국 음악을 통한 끊임없는 실패와 노력, 희망과 긍정 속에서 한 줄기 빛처럼 나타나는 것이다.

희대의 라이벌 삼성이 '국악'에 목숨을 걸었던 이유

현대그룹 하면 빼놓을 수 없는 라이벌이 있다. 바로 삼성그룹이다. 그런데 흥미로운 것은 삼성이 세계적 기업이라는 사실은 모두 인정하고 있지만 그 창업주 이병철에 대해 잘 아는 사람은 상대적으로 적다는 점이다.

왜 그럴까? 정주영 회장과 비교해 상대적으로 극적인 일화가 적어서일까? 하지만 삼성이 한국 현대사에서 성공적인 역할을 해낸 것만은 분명하다. 이 과정에서 이병철은 시련과 고통을 슬기롭게 헤쳐나갔고, 국악은 그의 곁을 어루만지는 위안이 되었다.

오늘날 국악은 팝과 가요에 밀려 지켜야 할 전통 정도로 인식되고 있다. 따라서 이병철은 사업을 일구는 과정에도 국악을 지키기 위해 기록과 교육에 전력을 기울였다.

이병철은 한일합병이 발표되던 해, 경상남도 의령에서 태어났다. 그는 어려서부터 부유한 집안 환경 덕택에 일본으로 유학을 떠났지만 건강이 좋지 않아 고향으로 다시 돌아올 수밖에 없었다. 그는 유학을 통해 금융공황으로 일본 경제가 휘청이는 것을 경험했고, 봉건제도를 철폐하고 경제적 발전을 이룬 과도기를 몸소 체험했다. 이 일을 통해 이병철은 노비제도가 사회발전에 저해된다는 사실을 깨닫고 집 안에 있는 30여 명의 노비에게 해방을 줄 것을 선친에게 건의했다. 의외로 선뜻 이야기가 풀려 노비들에게 얼마의 돈과 양식을 주며 자유를 허락해주었다. 하지만 주변으로부터 가산탕진이라는 비난을 끊임없이 들어야만 했다.

이후 도박을 하며 낭인 생활을 이어가던 이병철은 26세가 되던 해 부친으로부터 재산을 물려받아 첫 사업을 시작하게 된다. 그는 고향과 가까운 마산으로 가서 일본인이 독점하다시피 한 정미사업을 일구기로 한다. 하지만 정미사업은 1년간 자본금의 3분의 2를 잠식하고 말았다. 그 이유는 군중심리에 따라 쌀값이 오를 때 사고 내릴 때 팔았기 때문이었다. 그러자 이번에는 전술을 바꿔 오를 때 팔고 내릴 때 사들이는 방식으로 흑자 전환했다. 이병철은 이 성공을 기반으로 운송수단의 중요성을 깨닫고 자동차 회사를 매수해 운수회사로 키웠다. 당시 자동차 1대값은 비행기 1대값과 맞먹을 정도로 값어치가 있었다.

이때 돈과 시간에 여유가 생긴 이병철은 지배인에게 경영을 맡긴 후 요정에 출입하기 시작했다. 한국기업이 식민지 상황에서 무시당하는 일이 많아서 허탈감을 풀어보려고 했던 것이다. 그런데 당시 그곳에는 기악과 무용에 능한 인물들이 다수 포진해 있었다. 이병철에게 그들이 뽑아낸 우리 국악의 선율은 유일한 위안이 되었다. 또 이때의 경험은 훗날 이병철이 국악의 진흥에 기여하는 계기를 만들어주었다.

  이병철은 사업보국이라는 경영철학 아래 굵직한 사업을 시도하며 도약의 발판을 마련했다. 그 몇 개가 설탕사업인 제일제당, 비료사업인 한국비료, 반도체 사업인 삼성전자였다. 흥미롭게도 주변에서 모두 반대가 심했던 것들이었다. 그러니까 외국의 튼튼한 기업도 쉽게 이루지 못한 일을 작은 나라에서 어떻게 해냈느냐는 이야기다.

  가까운 예로 이병철이 73세가 되던 1983년, 반도체 사업을 시작한다고 했을 때 모두가 반대했다. 삼성이 1969년 전자사업을 시작할 때부터 미국과 일본을 어떻게 따라잡겠냐며 조롱 섞인 루머가 잇따랐다. 하지만 삼성전자는 2000년대 들어 비약적인 발전을 거듭한 끝에 주식시장에서 시가총액 20%에 달하는 거대기업으로 성장했다. 어느 누가 이 성공을 예상할 수 있었을까? 모든 것들은 기업 책임자의 결단에 있다는 사실을 부인할 수 없을 것이다. 이것은 경제학자나 경영학자들의 분석 및 예측과는 전혀 다른 우위에 있는 세계이다.

  이병철이 밀어붙인 사업 중에는 국악과 얽힌 일화도 있다.

삼성그룹의 초대 회장 이병철. 그는 평소 국악애호가로도 모자라 귀명창으로 유명세를 탔다.

우선 농업이 주축이었던 시절 비료의 중요성을 깨닫고 세운 한국비료공업주식회사가 4·19와 5·16을 거치며 성사 직전 좌초되는 일이 있었다. 하지만 당시 이병철은 일본에서 유학한 이후 일본 경제계 인사들과 꾸준히 교류하고 있었고 그 도움으로 36만 톤의 비료를 생산하는 세계 최대의 공장을 건설할 수 있었다.

하지만 몇몇 정치인들의 방해 공작으로 인해 결국 한국비료를 국가에 헌납하는 사건이 생겼다. 슬픔을 뒤로한 때 이병철은 준공식을 마치고 공장건립에 도움을 준 재계 인사들에게 감사를 표하기 위해 호텔에서 파티를 열었다. 이때 주도적인 역할을 했던 20여 명을 요정에 초대했다. 이병철은 국악원의 가야금 명인 등 일행 30여 명에게 특별출연을 부탁했다. 이 자리에 참석한 명창 박귀희 여사는 분위기를 부드럽게 바꿔 판소리를 들려주었고, 이때 자리에 모인 모든 거물 인사들이 감탄했다.

이병철은 자서전 《호암자전》에서 국악에 귀를 기울이며 혼자 지내는 것을 즐거움 중의 하나로 꼽았다. 호기가 있던 시절 들었던 국악 선율에 매료되어 취향이 형성된 것이다. 나이가 듦에 따라 서서히 음악적 취향이 생겨난 것일 수도 있지만 사실 14세부터 20세 사이에 들었던 음악이 평생의 취향을 좌우한다는 사실은 의학적 실험으로 밝혀진 상태다. 이병철은 어쩌면 비즈니스를 통해 받은 스트레스를 국악으로 해소했을지도 모르겠다. 과거의 아스라한 추억도 국악에서 떠올렸을 것이다. 그는 취향에 그치지 않고 국악의 진흥을 위해서도 힘썼다.

가곡 '비목'의 작사가 한명희는 저서에서 이병철을 귀명창으로 소개하며 몇 개의 일화를 적기도 했다. 민요를 채집하려는 그녀에게 흔쾌히 후원을 해주었고, 명창들이 작고하기 전에 소리를 녹음하는 프로젝트에도 자금을 보태주었다. 특히 한명희가 회고한 내용 중 가장 인상적인 것은 전남 강진 어딘가에서 음반을 얻은 일이었다. 좋지 않은 음질에 낮은 영역대의 소리여서 웬만한 사람들은 고개를 흔드는 어려운 음반이었다.

이병철은 자신의 벤츠 차량 안에서 이 잡음투성이의 소리를 수시로 들었다고 한다. 그것이 바로 임방울의 '쑥대머리'다. 이병철은 잡음 때문에 감상이 어려운 이 작은 소리를 왜 자주 들었을까? 분명 20세 전후에 형성된 이 음악에 관한 어떤 추억이 있을 것이라고 미루어 짐작해볼 수 있다.

이병철 회장은 77년 동안 왜 벤츠 안에서 '쑥대머리'를 들었나

임방울은 1904년 전라남도 광산군 송정읍에서 태어났다. 임방울의 집안은 소리로 이름을 알린 집안이었다. 이 덕에 임방울은 어려서부터 판소리를 배우며 자랄 수 있었다. 이후 지속적으로 자신만의 세계에서 음색을 찾기 위해 노력했다. 이런 과정에서 대부분의 명인들이 그래왔듯 임방울도 속세와 단절하고 몇 년의 시간을 보내게 된다. 지리산에 들어가 토굴을 파고 들어가 득음을 위해 정진한 것이다.

임방울의 화려한 등장은 한참 후에나 빛을 보았다. 매일신문사 주최의 조선명창대회에 참가해 '쑥대머리'를 부르고 세간의 주목을 받은 것이다. 당시 임방울이 어떤 소리로 사람들에게 인기를 얻게 되었는지는 알 수 없다. 하지만 하나 중요한 것은 이때 그가 전국적인 판소리 스타가 되었다는 점이다. 임방울이 노래를 부르면 사람들이 구름처럼 몰려들었다는 기록으로 유추해볼 수 있다. 그렇다면 임방울은 어떻게 전국적인 스타가 되었을까?

바로 '레코드'의 도입 때문이다. 1920년대 들어 임방울은 콜롬비아를 시작으로 레코드 음반을 발매했다. 비공식적이지만 당시에도 100만 장이 넘게 판매된 것으로 알려져 있다. 즉 임방울은 레코드 시대의 물결을 타고 등장한 바람 같은 인물이었다. 그런데 그가 남긴 여러 음반 중에 무엇보다 '쑥대머리'가 가장 열렬한 지지를 받았다. 이 곡은 춘향가의 옥중가 중 한 대목으로 수청을 거부하고 쑥대머리로 감옥에 갇혀 있던 춘향이가 이 도령을 그리워하며 부르는 노래다. 아마도 일제 강점기를 살았던 사람들은 목을 꺾어 부르는 소리에 깊은 공감와 위로를 얻었을 것으로 보인다. 언젠가는 마음껏 판소리를 들을 수 있는 시대가 오기를 바라며 말이다.

이병철 또한 자신의 벤츠 안에서 '쑥대머리'를 반복적으로 들으며 사업을 일으키던 시절을 떠올렸을 것이다. 일제의 억압 속에 실낱같은 희망으로 초심을 되새김질하면서 말이다.

우리가 여기서 배워야 할 점은 삼성이라는 글로벌 기업이 탄생하기까지 이병철이 어려울 때마다 남들이 가지 않는 길을 통해 사업을 발전시켜왔다는 점이다. 오늘날 한국을 대표하는 위대한 기업이 삼성이라는 시스템 속에서 나왔다고 생각하는 것은 큰 오해다. 나는 이 책을 통해 대부분의 CEO가 모두가 반대하는 거대한 결심을 음악을 듣는 과정에서 만들어냈다는 사실을 반복적으로 증명해왔다. 한마디로 대부분의 기업은 상식을 뛰어넘는 창업주의 결단과 그것을 유지하려는 노력 속에서 성장한 것으로 볼 수 있다.

너무나 간단한 원리가 아닐 수 없다. 하지만 원래 제일 어려운 것이 남들과 다른 생각을 하는 것, 그리고 그 생각을 매일같이 몸소 실천하는 일이다. 이병철은 생각했던 것을 이루어내는 모든 과정에서 밀려오는 두려움과 고독, 좌절을 세상과 단절된 한밤의 집무실에서 국악을 들으며 달랬던 것이다.

가요 속의 또 다른 나, '뮤직미러링효과'

음악은 그야말로 놀라운 능력을 갖추고 있다. 인간은 의도적이지 않게 어린 시절부터 어떤 노래를 좋아하게 되고, 좋아하는 노래와 경험을 동시에 저장하는 메커니즘을 작동시킨다. 청소년 시절의 애청, 애창곡의 기억은 뇌 속에서 지워지지 않는 장기기억으로 저장된다. 심지어 치매 환자조차도 어린 시절 좋아했던 노래만큼은 기억한다고 한다.

그렇다면 우리는 왜 어렸을 때부터 노래를 좋아할까? 왜 인간은 열렬히 노래를 반복적으로 듣고 부르는 것일까? 무언가를 열렬히 좋아한다면 그만큼 더 많이 생각하고 에너지를 쏟기 마련이다. 한마디로 또 다른 나의 모습인 것이다. 이것을 가리켜 학자들은 '음악 정체성'이라고 부른다. 음악을 통해 자신이나 타인의 모습을 확인해볼 수 있는 것이다. 또 이 음악 정체성은 개인 정체성과 집단 정체성으로 분류된다. 가장 쉬운 예를 들어보면 개인정체성은 가수의 앨범, 집단정체성은 팬클럽이다.

개인정체성은 꼭 음악가의 앨범이 아니더라도 과거 미니홈피에 입장했을 때 흘러나오는 BGM과도 비슷하다. 그 노래에서 우리는 홈피 주인의 모습을 떠올리고 기억한다. 따라서 음악적 취향을 공개하는 행위나 심지어 노래방에서 열창하는 모습도 어느 순간 자신도 모르게 생각하는 이미지를 효과적으로 전달하는 것이다.

그런 의미에서 악마를 표방하는 음반이나, 욕설이나 성적 표현을 드러내는 장난도 그들의 또 다른 모습으로 이해하면 된다. 록음악을 청소년 시절에 좋아했다면 당시 부모나 학교, 학업, 친구 등 무언가에 대한 저항의 마음이 있는 경우가 많다. 본인이 인정하지 않아도 인터뷰를 통해 파헤치다 보면 반드시 원인이 있었다.

집단정체성으로 분류한 팬클럽은 스타를 좋아하는 모임 정도로 생각하면 좋다. 하지만 그것 또한 과학적인 분석이 먼저 시도되었다. 1장에서 등장한 자연과학서 《호모 무지쿠스》에서는 10대 팬클럽의 활동 이유를 인간의 뇌 발달과 애창곡에 빗대 설명한다.

인간의 뇌는 14세쯤 성인과 크기가 같아진다. 14세부터 20세 정도까지는 자유롭게 다양한 정보를 받아들이다가 21세가 될 때쯤 보수적으로 정보 습득을 거부해버린다. 따라서 14세부터 20세 사이에 들었던 음악이 그 사람의 취향으로 굳어진다는 것이다. 젊은이들은 노인들이 길을 걷거나 산행을 하며 왜 고리타분한 트로트를 듣는지 이해하지 못한다. 하지만 노인들은 그저 어린 시절 듣고 자랐던 트로트가 취향으로 굳어져 세월이 흘러도 듣게 되는 것뿐이다. 오디션 프로그램 '미스터 트롯'의 열풍도 그런 원인 중의 하나로 해석해볼 수 있다.

이제 모두가 궁금해하는 팬클럽을 이야기하지 않을 수 없다. 단순히 스타를 좋아하는 것을 넘어서 앨범에 큰돈을 쓰는 것도 모자라 좋아하는 스타를 차트 1위로 만들기 위해 스트리밍을 하고 유튜브 조회수를 올리는 행위는 어떻게 바라보아야 할까? 아니, 그들의 집단정체성을 어떻게 설명할 수 있을까?

우선 10대가 팬클럽에 열중하는 현상은 전 세계적으로 유사하다. 스티븐 미슨은 우리가 모르는 사람을 만났을 때 문화적 기호가 같다면 더 쉽게 친밀해진다는 사실을 언급하며, 음악적 취향이 같은 사람끼리 동질감과 연대감을 느끼는 현상은 초기 인류 때부터 존재해왔다고 밝혔다.

또 다른 언급에 따르면 10대가 사회적 유대를 형성하는 최초의 행위가 바로 음악적 취향이 같은 사람이 모이는 것이라고 한다. 1장에서 언급한 귀가 발달한 호모 에렉투스가 타부족의 소리를 빨리 알아들어 살아남았고 북소리 때문에 가나 안인들이 성문을 열었듯이, 음악적 취향으로 뭉친 10대들은 팬클럽 외의 다른 집단을 적으로 간주하는 경향을 보였다. 팬클럽의 행동과 초기 인류의 행위가 별반 다르지 않은 것이다.

팬클럽의 열렬한 팬심에 의한 '덕질'은 이렇게도 설명할 수 있겠다. 방탄소년단의 소속사 하이브에 따르면 그들이 운영하는 팬클럽숍 월 실사용 인원 중 방송을 하는 위버스 라이브가 3,500만 명, 상품을 판매하는 위버스숍이 412만 명으로 연간 사용자 매출만 100달러에 육박한다. 팬들이 위버스숍에서만 연간 1인당 13만 원 정도를 쓴다는 소리다. 그 외의 공연, 포토카드 거래 등을 모두 합치면 연간 100만 원 정도를 소비한다고 알려졌다.

10대가 스타를 좋아하는 이유는 매우 단순하다. 그들은 어떤 이유나 논리 없이 단지 스타가 멋있기 때문에 좋아하는 경우가 대부분이다. 하지만 잊어서는 안 된다. 음악은 일상에서 부교감신경을 자극시켜 스트레스를 해소하고, 나 자신을 가장 잘 비춰주는 훌륭한 거울이라는 것을. 가요 속에는 또 다른 내가 있다.

큰일을 앞두고 꼭 들어야 하는 노래

최고의 포세이돈을 가리는 올림픽 수영경기에서 선수들이 헤드폰을 끼고 음악을 듣는 경우를 종종 볼 수 있다. 전 수영 국가대표 박태환 선수가 대표적이다. 그런데 그가 경기 전 들었던 노래들에는 하나같이 공통점이 있었다. 바로 즐거운 가사와 리듬으로 자신감을 북돋는다는 사실이다.

이처럼 중요한 인생의 순간과 고비에는 힘을 실어주는 노래가 특효다. 약 10년간 라디오 음악프로그램에 고정 출연하며 이 같은 사실을 깨달을 수 있었다. 특히 입시나 면접 같은 일촉즉발의 순간을 앞두고 쇄도하는 신청곡들이 놀라우리만치 일치했다. 이는 아주 주목할 만한 점을 시사한다. 이한철의 '슈퍼스타', 성진우의 '포기하지 마', 서영은의 '웃는 거야', H.O.T의 '행복', 김동률의 '출발'까지, 희망적인 노랫말과 리듬감이 살아 있는 곡들이 실제 자신감을 불어넣는다는 것이다.

특히 IMF 외환 위기 때는 '거꾸로 강을 거슬러 오르는 저 힘찬 연어들'이라는 노래가 압도적이었다. 당시 도산과 실직으로 국민 상당수가 실의에 빠져 있었는데 용기를 얻었다는 후기를 다수 접할 수 있었다. 코로나19 때는 하림의 '위로', 정인의 '오르막길'을 들려달라는 실시간 신청 문자가 몰렸다.

이처럼 어려운 감정은 음악으로 나눌 때 그 무게가 가벼워진다. 특히 힘이 넘치는 가요는 불안과 긴장, 초조의 감정을 극복하는 데 좋다. 노래를 반복해 듣다 보면 어느새 노래처럼 행동하는 자신을 발견하는 이치와도 같다.

 작은 거인 '정주영' 회장에게 오늘의 성공을 만들어준 곡
해뜰날 | 송대관

06

투자력을 올리는 멜로디

전 세계의 투자 흐름을 결정 짓는 무기, 댄스힙합

"랩과 댄스로 하는 음악은
즉각적인 소통으로 원하는 것을
얻는 가장 쉽고 빠른 방법이다."

'골드만삭스'의 CEO 데이비드 솔로몬이 밤마다 디제잉을?

음악은 어느 수준까지 인간에게 영향을 미칠 수 있을까? 소리의 미학이 당장 돈을 벌어다 주는 것도 아니지 않은가? 음악 청취만으로 돈을 버는 직업 중에 음악평론가가 있다. 비슷한 예로 영화를 보고 돈을 버는 영화평론가도 있다. 두 직업은 원한다면 언제든지 도전해볼 수 있다. 자격증이 필요한 일도 아니니 말이다.

하지만 권장직업은 아니다. 과거에는 음악을 듣고 싶으면 돈은 내고 음반을 사야 했기 때문에 전문가의 평점이 구매의 기준이 되었다. 하지만 지금은 음악을 무료로 듣는 시대다. 음악평론가 없이도 누구나 쉽게 음악을 듣고 평가할 수 있다. 이제 곧 AI 음악평론가도 나올 기세다. 챗GPT에게 물어보면 무엇이든 답이 되는 시대가 아니던가? 평론가도 같은 운명이라고 본다. 그렇다면 다른 돈이 되는 직업은 없을까? 음악에 마음껏 투자해 돈을 벌 수 있다면….

여기 한 은행의 흥미로운 대표가 있다. 그는 일머리만큼이나 디제잉으로도 유명하다. 혹시 투자에 대한 영감을 음악에서 받는 것은 아닐까? 대체 그는 누구일까? 바로 DJ 디솔D-Sol. 세계 최고의 투자은행 골드만삭스의 CEO, 데이비드 솔로몬이다.

미국의 투자은행 골드만삭스는 세계 경제에서 중요한 위치에 있다. 미국 정부와 은밀한 관계를 유지해 고위 공직자로 임명되는가 하면, 유명 기업의 M&A 참여로 높은 연봉을 받는 선망의 직업으로 손꼽힌다. 따라서 골드만삭스의 CEO라면 세계 경제를 좌우지하는 거래의 중심에 서 있기 때문에 늘 관심의 대상이다. 하버드에 입학하는 것보다 더 들어가기 어렵다는 골드만삭스. 그래서일까? 미국 기득권자들이 주로 수

장을 맡아오곤 했다.

데이비드 솔로몬도 마찬가지다. 그는 미국 뉴욕에서 태어나 해밀턴대학교를 졸업한 후 여러 투자회사에서 고위험 채권을 관리하는 일을 담당했다. 일반 금융인들조차 쉽게 접근할 수 없는 위험자산을 관리하는 그의 금융권 경력은 1999년 골드만삭스에 입사해 큰 수익을 가져다주었다. 그리고 마침내 2018년 그를 가장 높은 자리에 올려놓았다.

골드만삭스에 들어가는 과정에서는 지난 학창시절의 경력도 한몫했다. 그는 미국의 비밀 사교 집단이자 파워엘리트 조직 '알파 델타 파이'에서 의장으로 활동했었다. 오늘날 솔로몬이 골드만삭스 CEO가 되는 배경 속에 엘리트 사조직 회원이라는 것이 큰 플러스가 된 셈이다.

그렇다면 그는 어떻게 디제잉에 눈을 돌렸을까? 솔로몬은 심각한 아드레날린 중독자로 알려져 있다. 한마디로 운동을 심하게 즐기며 스트레스를 푼다. 취향도 다양하다. 스키, 골프, 카이트서핑, 스쿠버 다이빙 등 익스트림 스포츠를 즐긴다. 그의 일과는 오전 6시 헬스클럽에서 트레이너와 함께 시작하는 것으로 알려져 있다. 하루아침에 수백억 원을 날릴 수 있는 금융상품을 파는 사람들은 폭음이나 마약에 빠져들기 쉽다고 한다. 그래서 그 역시 광적으로 스포츠에 빠져든 것으로도 보인다.

그런데 솔로몬이 이전 CEO들과 남다른 점이 하나 있다. 바로 외부와의 소통을 중시했던 것이다. 역사 속에서 골드만삭스는 지나치게 보수적이고 폐쇄적이며 막대한 수익을 위해 파렴치한 일도 서슴지 않아 비판을 받아왔다. 솔로몬은 이 문제를 타파하기 위해 노력한 인물이었다. 그는 모든 사람과 함께 운동할 수는 없었기에 분위기를 바꿀 수 있는 다른 취미를 찾았다. 그리고 클럽 DJ에 눈을 돌렸다. 아마도 헬스클럽에서 운동하며 우연히 듣던 음악에서 혹은 골드만삭스가 투자한 음원사이트 스포티파이에서 관심을 가졌을 것으로 보인다.

그는 디제잉 활동을 통해 경직된 기업문화를 바꿀 수 있다고 여겼다. 단, 문제는 미국 최고의 은행가가 도전하기에는 상상도 못 할 밤 문화라는 것이 걸림돌이었다. 하지만 그는 아랑곳하지 않고 2018년부터 맨해튼 댄스클럽에서 디제잉을 해왔다. 그래서일까? 이후 골드만삭스의 직원들은 그에게 스스럼없이 다가가 인사를 건넸다. 이전의 차가운 골드만삭스의

수준급 디제잉 실력으로 화려한 취미 생활을 펼치는 글로벌 투자은행 골드만삭스의 CEO 데이비드 솔로몬.

기업문화에서는 결코 있을 수 없는 일이다.

솔로몬의 디제잉은 점차 유명세를 탔다. 전설의 DJ 폴 오컨폴드의 오프닝 무대에 섰으며 DJ 리퀴드 토드와도 함께 공연을 했다. 이후 그는 레코드회사 페이백레코드를 설립하고 직접 프로듀싱에 나섰다. 플릿우드 맥의 히트곡 'Don't Stop'을 리믹스한 동명의 곡은 빌보드 댄스리믹스 차트 39위에 올랐으며, 2022년 발표한 휘트니 휴스턴의 'I Wanna Dance With Somebody'의 리믹스곡은 음원사이트에서 354만 스트리밍을 기록했다. 현재는 58만 명의 구독자를 가진 유명 DJ가 되었다. 그는 인터뷰에서 "CEO가 근엄하게 군림하지 말고 좀 더 쉽게 보이고 노출될 수 있어야 인간적인 리더로 남을 수 있다"고 언급했다.

솔로몬을 통해 골드만삭스의 기업 이미지는 젊어지고, 냉혹한 은행의 모습 또한 누그러진 것만은 분명해 보인다. 데이비드 솔로몬은 어떤 음악을 들려주길래 이처럼 개인적이고 상업적인 성공을 거둘 수 있었을까?

사실 그가 구사하는 음악은 '하우스뮤직'이라는 장르다. 하우스뮤직은 게이 댄스클럽 웨어하우스에서 딴 이름으로 소울, 레게, 재즈 등 다양한 장르에 비트를 얹은 디스코류의 음악이었다. 하우스뮤직을 포함한 나이트클럽 음악들은 훗날 EDM이라는 장르로 다시 한번 상업적인 성공을 거두게 된다. EDM에 대해서는 트로트와 접목되어 2017년 대한민국을 강타한 김연자의 '아모르파티'를 떠올리면 쉽게 이해가 갈 듯하다.

이렇게 댄스뮤직은 1970년대 후반 디스코로 시작해 힙합과 결합하는 과정에서 성공과 돈이라는 새로운 개념으로 발전하기에 이른다. 케이팝이라고 불리는 한국의 아이돌 음악도 힙합의 주된 요소인 랩과 댄스가 없었다면 오늘날 같은 세계적인 성공을 거두지 못했을 것이다. 그런데 우리가 힙합 뮤지션을 언급할 때 보통 그들의 부에 관해 이야기를 꺼낸다. 우리는 왜 힙합과 돈을 연결 지어서 생각할까?

우선 힙합 하면 무엇이 가장 먼저 떠오르는가? 반짝이는 금목걸이와 액세서리를 여기저기 걸치고 명품 옷과 차로 치장한 흑인의 이미지가 아른거릴 것이다. 그들은 왜 부를 노골적으로 자랑할까? 그들의 세계로 한번 들어가보자.

세계 음악계를 점령한 흑인들의 슬로건: "돈 내놔!"

2000년대 이후 빌보드 싱글차트를 보면 힙합 가수가 상위권을 차지하고 있다. 힙합은 가사를 빠르게 외는 바람에 알아듣기 어려워 한때 대중들에게 외면을 받기도 했다. 하지만 1020세대는 힙합을 좋아한다. '쇼 미 더 머니' 같은 프로그램의 인기가 이 사실을 증명하고 있다. 케이팝으로 불리는 아이돌 음악에서도 랩과 댄스는 필수요소다. 방탄소년단이나 뉴진스의 음악에서도 랩과 댄스가 없는 경우는 거의 없다. 심지어 R&B에서도 랩은 존재한다.

어떻게 랩, 그러니까 훗날 힙합으로 불리게 되는 이 장르가 세계 음악계를 제패했을까?

앞서 등장했던 미국 고고학자 스티브 미슨은 힙합의 인기를 이렇게 분석했다. 과거 전통사회에서 노래는 일상의 일부여서 아기는 언어보다 음악을 습득하기가 더 쉬웠다. 그런데 서구의 교육이 어려운 기술을 요하는 악기연주로 음악을 간주하는 바람에 엘리트주의적이고 형식적으로 변했다는 것이다. 만약 비공식적인 노래와 춤에 중점을 두었다면 음악 능력의 발달은 매우 자연스러웠을 것이라고 주장한다. 그러면서 힙합에 주목했다.

  그는 힙합의 기원이 1973년 DJ 쿨 허크가 인기곡을 틀어놓고 말을 섞기 시작했을 때부터라고 상기한다. 랩이 인기를 얻게 된 이유는 라임을 맞추는 것 외에 틀이 없었기 때문이라고도 덧붙였다. 랩은 언어이지만 포크, 재즈, 발라드 등 다양한 장르에서 소리를 빌려왔고, 규칙이 없어 리듬처럼 발전해온 것이 인기의 이유라고 말이다. 그 과정에서 인터넷이 생기며 세계적인 음악 현상으로까지 번졌다. 즉 랩은 규칙이 필요한 말이지만 음악과 같은 리듬으로 연결되어 누구나 쉽게 받아들일 수 있었다.

  그러나 이 분석은 힙합 스타 제이지, 닥터 드레, 카니예 웨스트 등 재산이 10억 달러 전후를 넘는 놀라운 현상까지 증명하지는 못한다. 〈포브스〉류의 경제지가 대중음악가들의 재산 순위를 공개할 때 래퍼들은 늘 최상위에 랭크되어 있다. 사람들은 왜 래퍼의 음악만큼이나 그들이 가진 돈에 관심을 보일까? 그 이유는 일단 그들 자신이 먼저 돈을 자랑하기 때문일 것이다. 그렇다면 왜 흑인 래퍼들은 돈을 자랑할까? "쇼 미 더 머니"는 어디에서 시작되었을까?

아프리카 흑인들이 미국에 노예로 팔려 오면서 블루스라는 음악이 탄생했다. 블루스는 노예 생활을 하는 그들의 슬픔을 달래줄 유일한 위안이자 안식처였다.

흑인들은 미국 주류사회에 진출하고 싶었지만, 인종차별의 늪은 날로 깊어져만 갔다. 그런 과정에서 1970년대 미국 연방 정부는 재정 긴축 정책을 단행했다. 그 결과로 저소득 가구가 몰락했고 사회서비스의 고갈이 야기되었다. 당시 흑인들과 소수민족들은 공공기관의 지원중단에 불만을 품기 시작한 나머지 적대적인 감정을 표출하기 시작했다. 그중 뉴욕의 흑인 빈민가 사우스 브롱스는 '미국 저주의 상징'으로 지역 전체가 파괴되기까지에 이른다.

결국 사우스 브롱스를 중심으로 빈민가 청년들이 목소리를 내기 시작했다. 그들의 방식은 브레이크 댄스와 디제잉을 통한 랩이었다. 랩은 아프리카계에서 뿌리를 두고 있는 말로 '말하다, 지껄이다'는 뜻을 담고 있는데, 훗날 흑인들의 은어인 힙합이라는 단어로 교체되었다. 우리가 알고 있는 재즈, 펑크, 그루브 등의 용어는 일정한 뜻이 없는 바로 이 흑인들의 은어에서 시작되었다.

그렇다면 최초의 랩은 언제일까? 1973년 8월 11일, 뉴욕의 슬럼가 사우스 브롱스 지역에 사는 DJ 쿨 허크가 세즈윅 1529번지에서 열었던 파티가 그 시작이다. 그러니까 힙합은 파티를 위한 음악, 즉 춤을 추기 위한 용도였다.

쿨 허크는 음악이 끊기지 않도록 턴테이블에 LP 2장을 올려놓았다. 그리고 흥을 돋우기 위해 손으로 일시적으로 LP를 멈췄다. 드럼이나 베이스 같은 극적인 부분을 반복하면 사람들이 열광하고 좋아한다는 사실도 깨달았다. 그때 파티에 온 댄서들이 이 부분에 맞춰 춤을 춘 것이 바로 브레이크 댄스였다. 쿨 허크는 댄서들을 브레이크 보이즈라고 부르다가 줄여서 비보이즈라고 불렀는데 이것이 오늘날 '비보이'의 시초가 되었다.

또한 단순히 음악을 듣고 춤을 추기보다 흥을 돋우기 위해 진행자가 필요했는데 그들을 'MCMaster of Ceremony'라고 불렀고, 그것이 오늘날 MC 해머, MC 그리 등의 이름을 탄생시켰다.

이렇게 힙합은 빈민가를 대변하다 보니 기득권층인 경찰이나 백인에게 욕설을 지껄이는 내용들이 많았다. 한 마디로 주류 팝계에 진출할 수 없는 수위들이었다. 그렇게 탄생한 것이다름 아닌 갱스터랩이다. 당시 흑인들은 태어나면서부터 갱단의 삶인 경우가 허다했다. 자라면서 자연스럽게 폭력과 도박, 마약을 배우고 거래하는 일이 일상이 되었다. 그러다 보니 그런 내용들이 자연스럽게 음악에 스며들었다.

그 무렵, 래퍼들은 이 랩을 통해 주류 팝계에서 성공을 거두기 시작했다. 그중 가장 상징적인 노래가 쿨리오의 'Gangsta's Paradise'다. 미셸 파이퍼 주연의 영화 '위험한 아이들'을 위해 만들어진 이 노래는 흑인들의 비참한 현실을 랩으로 만들어 큰 공감을 샀다.

그러자 뒷골목 흑인들도 너도나도 랩을 하며 뛰어들었다. 이후 바비 브라운과 MC 해머, 비기와 투팍, 제이지와 닥터 드레 같은 인물이 탄생했다. 순식간에 일확천금을 번 스타들이 흑인 빈민가로 돌아온 것이다.

그들은 특히 웃통을 벗고 금목걸이를 건 근육질의 모습들을 많이 촬영했다. 특히 투팍 샤커가 그랬다. 힙합으로 큰돈을 벌고 돌아와 메이커 신발을 신고 부를 과시하거나 으스대며 동네를 걸어 다녔다. 여기서 등장한 말이 바로 '스웨거swagger'다. 자신감 넘치는 행동이나 말을 지칭하는 용어 '스웩'은 힙합 가수 제이지나 저스틴 비버 같은 유명인들이 잇따라 사용하며 화제를 불러모았다.

스티브 미슨은 힙합문화의 비속어들이 사회 전반에 영향을 끼쳐 현대사회에 뿌리내릴 수 밖에 없었다는 사실을 강조하고 있다. 200년도 넘게 차별을 당하며 살아온 흑인들의 주류 사회에 대한 반격은 얼마큼 성공을 거둘 수 있을까? 어쨌거나 부정할 수 없는 한 가지는 그들이 매분 매초 엄청난 돈을 벌어들이고 있으며 세계 음악계를 점령하고 있다는 사실이다. 이유 없이 "돈 내놔", 쇼 미 더 머니의 역사가 등장한 것이 아니었다.

불량과 환상의 머니 싸움, 디스전

우리나라 1세대 아이돌이었던 H.O.T의 1집 첫 타이틀곡, '전사의 후예'를 기억할 것이다. 사실 이 곡은 갱스터랩을 표방한 노래에 가깝다. 힙합과 댄스가 케이팝 아이돌의 시초였음을 알려주는 중요한 대목이 아닐 수 없다. 이 음반의 타이틀이 "우리는 모든 종류의 폭력을 싫어한다"며 학교폭력을 주제로

하고 있다는 점도 간과할 수 없다.

한편 서태지와 아이들은 훨씬 전에 갱스터랩 'Come Back Home'을 불러 국민적인 인기를 이어 나갔다. 1990년대부터 우리나라 10대 청소년들이 미국 갱스터 노래에 영향을 받았다는 지점이 흥미롭지 않을 수 없다.

당시 H.O.T를 비롯한 아이돌 그룹은 팬들의 열렬한 응원과 사랑으로 거대한 자산을 이루었다. 세상의 여러 가난이 하나둘 모여 큰 부를 이루듯, 팬들이 구입한 1장의 음반이 스타를 만든 것이다. 그것도 순전히 힙합음악으로 말이다.

그렇다면 본고장 미국은 어떨까? 흑인 힙합 가수들도 같은 인종들의 지지로 스타가 되고 부를 이루었을까?

미국에서 블루스, R&B와 같은 흑인음악의 수요자는 주로 흑인들이었다. 하지만 1990년대 힙합이 발발하면서 갱스터랩이라는 새로운 반격이 시작되었다.

일반인들의 삶에서 갱스터로 불리는 조직폭력배는 쉽게 접근할 수 없어 매우 흥미로운 집단이다. 따라서 미국 영화나 소설에서도 곧잘 흥행 보증수표로 신화화되곤 했다.

하지만 음악학자 래리 스타, 마크 그리들리는 이렇게 말했다. 랩이 미국 사회에서 창조적 에너지, 지역적 다양성, 기술적 감각을 표현하기도 하지만, 물질만능주의, 인종차별, 성차별 등의 표현은 흑인 무법자들과 백인 갱단의 이야기가 함께 뒤섞여 있다고 말이다. 힙합그룹의 폭력적 가사의 상당수는 백인 경찰 영화, 서부 영화를 모방한 것에 불과하다는 이야기를 기억해둘 필요가 있다.

결론적으로 갱스터랩은 흑인과 백인의 무지막지한 이야기가 뒤섞이며 백인 청소년들에게 매우 궁금한 집단의 스토리로 성장했다. 그들은 랩 음반으로 흑인사회의 은밀한 이야기, 태어나자마자 폭력과 마약에 노출된 또래 청소년들의 이야기에 열광했다. 이것을 흑인사회에 대한 백인사회의 '문화적 관음증'이라고 부른다. 물론 그 덕에 노래하는 흑인들은 머니 싸움의 진정한 승리자가 될 수 있었다.

그리고 랩의 폭력성은 소위 상대를 무시하는 '디스'로까지 이어졌다. 국내에서도 상대를 폭로하고 비난하거나 선거에서 자신을 알리는 수단으로 굳어졌다. 힙합의 위력이 정치계까지 퍼져나간 것이다. 서로 물고 뜯으며 성장과 발전을 도모하니 참으로 아이러니하지 않을 수 없다.

B급 감성으로 빌보드를 발칵 뒤집은 슈퍼스타의 과거

랩을 통해 미국 사회의 명암을 모두 보았다면 국내에서는 싸이를 빼놓고서 이야기하지 않을 수 없다. 래퍼이자 작곡가, 가수로 불리는 싸이는 '강남스타일'을 통해 전 세계적으로 알아주는 슈퍼스타의 대열에 섰다. 일단 싸이에 대해 말하자면 보통 '말춤'을 떠올리기 쉽다. 하지만 '강남스타일'의 신화는 춤, 노래, 랩, 유튜브 등 현대 대중음악의 성공 요소를 모두 갖춘 집합체에 가깝다. 그런데 그가 변방의 무대에서 미국 빌보드 차트에 입성한 과정을 보면 무명 흑인 래퍼가 뉴욕 뒷골목에서 겪은 폭력, 차별, 혐오의 세월과 별반 다를 게 없다.

우선 2001년 '새'가 수록된 그의 1집은 영상물등급위원회로부터 청소년이용불가 판정을 받았는데, 그 이유는 음반에 수록된 남성 성기, 콘돔, 여성의 가슴 사진 때문이었다. 이때부터 싸이는 스스로 저렴한 B급 이미지를 구축하기 시작했음을 알 수 있다.

그는 2집 '싸2'에서도 선정성 논란에 휩싸였다. 7곡이 19세 미만 청취불가 판정을 받았을 정도다. 이때부터 싸이는 각종 청소년단체와 여성단체의 블랙리스트에 올라 감시를 받았고, 전방위적인 모니터링으로 재입대의 악재를 겪었다.

전역 후 2010년 발표한 5집에서도 'Right Now'가 19세미만 판매금지 처분을 받았다. "인생은 독한 술이고"라는 가사 때문이었다. 하지만 이 곡은 주요 가요차트에서 보란 듯이 정상에 올랐고, 여세를 몰아 6집에 수록된 '강남스타일'로 세상을 매료시켰다.

'강남스타일'은 두 달 만에 유튜브 조회수 2억 2,000만을 기록하며 1위를 차지했다. 그것도 모자라 미국 시장에 진출해 빌보드 싱글차트 2위에 오르는 기염을 토했다.

여기서 흥미로운 점이 하나 있다. '강남스타일'의 가사 또한 19금 판정을 받은 지난 노래들과 별반 수위가 다르지 않다는 사실이다. 노래 가사 속에 등장하는 남녀는 서울 강남의 부유층 자녀들로 낮에는 평범한 일반 직장인이지만 밤이면 진탕 놀아보고 싶은 인물들을 그리고 있다. 만약 이 곡이 세계적인 성공을 거두지 않았다면 공개 즉시 매장당하는 수모를 겪지는 않았을까?

물론 싸이 성공의 이면에는 음반 유통의 혁명, 유튜브의 역할이 크다. 2013년 구글이 밝힌 '강남스타일'의 뮤직비디오 수익은 800만 달러(약 85억 원)였다.

결론적으로 싸이의 B급 감성, 말춤, EDM, 유튜브가 결합된 부와 성공의 하모니는 결국 새로운 아이돌의 전형을 낳았고, 또 이것이 미국 힙합의 성공방식과 매우 유사함을 확인할 수 있었다. 이러한 성공을 옆에서 지켜본 몇몇 케이팝 제작자들은 랩과 댄스, 집단 군무로 이루어진 그룹에 적극 투자하기로 마음먹는다.

그렇게 싸이의 광풍이 사그라질 때쯤 데뷔한 보이그룹 중의 하나가 방탄소년단이었다. 그들 또한 H.O.T와 마찬가지로 첫 데뷔 싱글 '2 COOL 4 SKOOL'을 발표할 때 내세운 슬로건이 "힙합 아이돌 '방탄소년단', 1990년대 갱스터 힙합의 재해석!"이라는 사실은 매우 흥미로운 우연이 아닐 수 없다.

200년 역사가 기록하는 최고의 음악 재벌은?

이 장에서 힙합과 댄스로 부자가 된 아프리카계 미국인들의 이야기를 다루었다. 그렇다면 200년 팝 음악사에서 모두가 인정할 수밖에 없는 최고의 부자는 누구일까?

개인의 수익을 정확히 알 길은 없지만 저작권 수입으로 추정은 해볼 수 있다. 우선 정의부터 내려보자면 팝 시장에서는 저작권을 '카피라이트'라고 부르고 저작권 수입을 '로열티'라고 말한다.

로열티는 미국에서는 보통 음원이 유통되면 플랫폼이 30%를 가져가고, 나머지 70%를 레코드사와 저작권자(작사, 작곡, 가수)가 나눠 갖는다고 보면 될 것 같다. 비율은 가수의 커리어와 인지도에 따라 달리 정해진다.

그렇다면 200년 동안 매년 저작권 상위에 랭크되는 곡들을 살펴보도록 하자. 미국 사이트 더리치닷컴은 저작권 수입을 기준으로 상위 10곡을 발표했다. 물론 절대적이지는 않겠지만 높은 수익을 얻고 있는 대략의 노래들을 파악할 수 있다.

우선 10위 안에 들어간 노래 중에는 유명한 시즌송이 들어가 있다. 바로 크리스마스 캐럴이다. 멜 토르메가 부른 'The Christmas Song'은 가수가 직접 벌어들인 저작권 수입만 1,900만 달러, 우리 돈으로 약 253억 원에 달한다. 최고치 수준이다.

다음으로 머라이어 캐리의 'Santa Clause Is Coming To

Town'의 추정 로열티는 2,500만 달러(약 333억)다. 특히 빙 크로스비가 불렀던 'White Christmas'는 세계에서 가장 많이 팔린 싱글로 기네스북에 등재되었으며, 로열티로 3,600만 달러(약 480억)를 벌어들인 것으로 알려져 있다. 이 집계는 과거 어느 한 시점의 결산이므로 앞으로 더 많은 로열티를 벌어들일 것이다.

캐럴 외에는 생일을 축하하는 불멸의 노래 'The Happy Birthday Song'이었다. 이 곡은 1893년 미국의 한 자매가 만든 것으로 알려져 있는데, 연간 200만 달러(약 26억원)의 저작권 수입을 거두었다고 한다.

1983년 탄생한 'Every Breath You Take'라는 노래는 조금 특별한 사연을 가지고 있다. 힙합가수 퍼프 대디가 원곡을 사망한 동료를 추모하기 위해 'I'll Be Missing You'라는 이름으로 다시 샘플링한 것이다. 그룹 더 폴리스의 멤버 스팅은 이 곡으로 2,050만 달러(약 253억) 정도를 벌어들인 것으로 알려져 있으며, 퍼프 대디 측으로부터 매년 로열티로 73만 달러(약 9억 7,000만 원)를 받고 있다고 한다. 스팅은 2010년 이 곡이 자신의 수입 3분의 1을 차지한다고 밝혔다. 그런데 이 곡은 비난을 받는 상황에서 만들어져 더 아이러니하다.

스팅은 1976년 배우 프란시스 토멜티와 결혼했다. 프란시스에게는 트루디 스타일러라는 친한 친구가 있었다. 그런데 스팅이 그만 트루디 스타일러와 바람을 피웠다. 결국 아내의 친구와 바람을 피운 사실이 보도되었고 스팅은 대중들로부터 거센 비난을 받았다. 스팅은 이때 사람들의 눈을 피해 카리브해에서 시간을 보냈다. 이 시기에 만든 노래가 'Every Breath You Take'였다. 바람피운 경험을 바탕으로 탄생한 노래가 그에게 부와 명예를 이어가게 해준 것이다.

그 외에도 영화 음악으로 큰 성공을 거둔 경우도 많다. 1965년 라이처스 브라더스가 부른 'Unchained Melody'는 1990년 패트릭 스웨이지와 데미 무어가 주연한 영화 '사랑과 영혼'에 수록되어 2,750만 달러(약 365억 원)를 벌어들였다. 또한 미국에서 역사상 가장 많이 플레이된 노래로 매년 1, 2위를 다투는 비틀즈의 'Yesterday'는 3,000만 달러(약 398억 원)의 수익을 올렸다. 이 곡은 2019년 동명의 영화로도 만들어졌다. 아마 영화로 벌어들인 수입 또한 어마어마했을 것이다.

한편 국내 저작권 수입 1위는 4년 연속 BTS의 주요 노래들을 작곡한 프로듀서 '피독'이다. 그는 2021년에만 400억이 넘는 수익을 올린 것으로 알려져 있다.

지금까지 저작권 수입에 관해 이야기를 했는데 아마도 의아하게 생각하는 독자들도 있을 것이다. 팝 음악사에서 최고의 명예와 부를 누린 마이클 잭슨이 없다니 어쩐지 이상하지 않은가? 레코드 수익, 전 세계 투어 공연, 각종 부가 수익만 따져봐도 그는 거대한 성공을 거둔 인물이다.

마이클 잭슨의 재산은 현재 확실하지 않다. 그 말인즉, 추산의 의미가 없을 만큼 막대하다는 뜻으로도 해석된다. 알려진 것은 소니뮤직이 음악, 영화, 출판 등 그의 권리 절반을 사들일 것 정도뿐이다. 그 규모만 약 1조 1,000억 원에 이른다고 하니 저작권 판매계약 중 역대 최고 수준이다. 공식화되지만 않았을 뿐 200년 역사가 기록하는 최고의 음악 재벌이 아닐 수 없다.

마이클 잭슨의 성공 이유에 대해서는 일일이 논할 수 없을 정도로 다양하다. 거의 완벽한 스타에 가깝기 때문이다. 어쨌거나 마이클 잭슨은 레코드 업계에서 대형스타 하나가 나머지 가수들의 손실을 모두 만회할 수 있다는 사실을 알려준 경이로운 존재였다.

그렇다면 그는 어떻게 불멸의 스타가 되었을까? 그의 성공

12살의 나이에 빌보드를 차지한 팝의 황제 마이클 잭슨. 추산되지 않는 건 그의 재산뿐이 아니라 존재감도 마찬가지다.

에는 1983년 3월 25일 모타운 25주년 공연에서 브레이크 댄스를 선보인 것이 그 시작이라고 볼 수 있다. 즉 마이클 잭슨에게 브레이크 댄스라는 장르가 없었다면 그의 미래와 역사도 존재하지 않았을 것이다.

성공한 음악들은 저마다 히트의 사연을 가지고 있다. 어린이부터 어른들까지 모두 마이클 잭슨을 알고 있는 것 또한 그가 'Billie Jean'이라는 곡과 함께 고난도의 '문워크' 기술을 선보였기 때문이다.

당시 그가 흑인 비보이들에게 춤을 배워 전 세계적으로 마이클잭슨 열풍을 일으킨 것은 놀라운 일이 아닐 수 없다. 1973년 쿨 허크가 비보이라고 부른 지 정확하게 10년 만에 브레이크 댄스의 파란이 시작된 것이다. 이 영향으로 1990년대 한국에는 댄스뮤직이 가요계를 점령한 것도 모자라 케이팝의 시작을 알리는 H.O.T가 탄생할 수 있었다.

빠른 곡이 이길까? 느린 곡이 이길까?

앞서 우리는 뒷골목 갱단의 삶이 백인 소년들의 호기심을 자극해 부를 이루고, 싸이가 B급 감성으로 미국 시장에 진출해 큰 성공을 거머쥔 이야기를 했다.

두 음악은 흥미롭게도 기성세대가 부정적인 꼬리표를 붙였다는 공통점이 있다. 그렇다면 우리는 이 같은 '나쁜 음악' 스토리에서 한 가지 질문을 떠올리지 않을 수 없다. 정말 착한 음악과 나쁜 음악이 존재할까? 나쁘다고 지목된 노래를 들으면 실제로 정신건강에 해로울까? 헤드뱅잉을 남발하는 헤비메탈이 폭력과 분노를 조장한다고 말할 수 있을까?

굳이 전문가의 통찰이 아니더라도 우리는 역사 속에서 뜻깊은 사례를 찾아볼 수 있다. 2022년 개봉한 영화 '엘비스'를 한번 살펴보자. 1956년 엘비스 프레슬리가 플로리다에서 공연할 때 판사는 엉덩이를 흔들어대면 체포하겠다고 경고했다. 혹시 이후 팬들이 엘비스 프레슬리의 음악을 듣고 정신병에 걸렸다는 소문을 들은 적이 있는가? 세월이 흐른 지금 엘비스 프레슬리는 전설의 로큰롤 가수로 남게 되었는데 말이다.

문란한 사회를 만든다는 이유로 반감을 얻은 인물에는 란제리 패션의 중심에 선 마돈나도 있다. 그들이 이룬 성공방식에 섹시, 댄스뮤직, 춤 요소가 섞여 있다는 점은 주목할 만하다. 이론적으로는 알겠다. 그러나 일반 사람들이 돈과 성공으로 가져갈 수 없는 먼 나라 이야기인 것은 조금 아쉽다. 보통 사람이 욕설과 외설이 난무하는 갱스터랩을 할 수는 없는 노릇이니까. 그렇다면 음악을 사업적으로 이용해 돈을 버는 방법은 없을까?

심리학자 빅토리아 윌리엄슨은 책《음악이 흐르는 동안 당신은 음악이다》에서 여러 사람의 논문을 들어 음악과 사람의 소비에 대한 나름의 공통점을 찾았다.

우선 1966년 사람들이 음악에 따라 움직일까에 대한 연구 결과는 이렇다. 실제 슈퍼마켓에서 시끄러운 음악이 흘러나왔을 때 사람들의 쇼핑 시간이 짧았다. 하지만 느린 음악과의 매출 차이는 없었다.

그런데 1982년 연구에서는 빠른 음악이 나왔을 때 사람들이 더 분주히 움직였다. 흥미로운 점은 빠른 음악보다 느린 음악이 나왔을 때 매출이 38% 증가했다는 것이다. 스코틀랜드 레스토랑에서 있었던 유사 연구에서도 느린 음악을 들었을 때 사람들은 19% 더 돈을 냈다. 한편 와인상점과 영국식당을 배경으로 한 실험에서는 팝송보다 클래식이 깔렸을 때 더 많은 소비를 하거나 비싼 음식을 주문했다.

이처럼 음악과 소비의 상관관계에 대해서는 여러 변수를 고려하지 않을 수 없지만 각자의 위치와 영역에서 참조하면 유의미할 수 있겠다. 만약 당신이 아름다운 선율이 흐르는 가게를 운영한다거나, 직원들의 사기가 무엇보다 중요한 사업장의 오너라면 말이다.

힙합에 3분만 투자해도 돈이 된다고?

투자행위는 보통 기업 주식을 매수하거나 부동산 토지매매가 주류를 이룬다. 이때 자산분석이 아닌 거래행위는 감정 영역에 속한다. 자산가치와는 달리 주가의 등락이나 부동산 시세가 수시로 요동치는 이유도 여기에 있다. 따라서 성공을 위해서는 투자 시점에 있어 어떤 동요도 없이 평정심을 되찾는 일이 중요하다. 그렇다면 미국 흑인들의 힙합은 과연 오늘날 우리에게 잃어버린 투자력을 소환해줄 수 있을까?

저명한 음악인류학자 대니얼 레비틴은 "음악은 조직된 소리이다"라는 주장을 여러 번 강하게 내비쳤다. 하지만 힙합은 흥미롭게도 가장 조직되지 않은 소리에 가깝다. 몸을 자유롭게 움직이는 댄스나 악보대로 가지 않는 재즈와도 잘 어울리며, 언어규칙을 배우느라 혼란을 느끼는 10대들이 가장 선호하는 음악 중의 하나다. 빠르고 다양한 비트로 말을 주고받거나 돌연 리듬을 멈추는 일도 적지 않다. 또 그 틈을 이용해 여러 명이 배틀을 주고받는다.

따라서 힙합은 들으면 들을수록 변화무쌍한 상황에 잘 적응하도록 인체를 훈련시킨다. 이러한 음악적 특성만 알아도 시시각각 바뀌는 투자환경에 보다 빠르게 몰두할 수 있지 않을까? 다시 말하지만 주식창에서 결정되는 한 번의 클릭은 논리가 아니라 감정이다. 예상치 않은 변화로 손실을 보았거나 갑작스러운 수익이 났을 때, 놀라지 말고 힙합을 통해 다음 스텝을 준비해보자.

골드만삭스 CEO '데이비드 솔로몬'이 투자의 맥을 짚는 곡
I Wanna Dance With Somebody | Whitney Houston (D-Sol 리믹스)

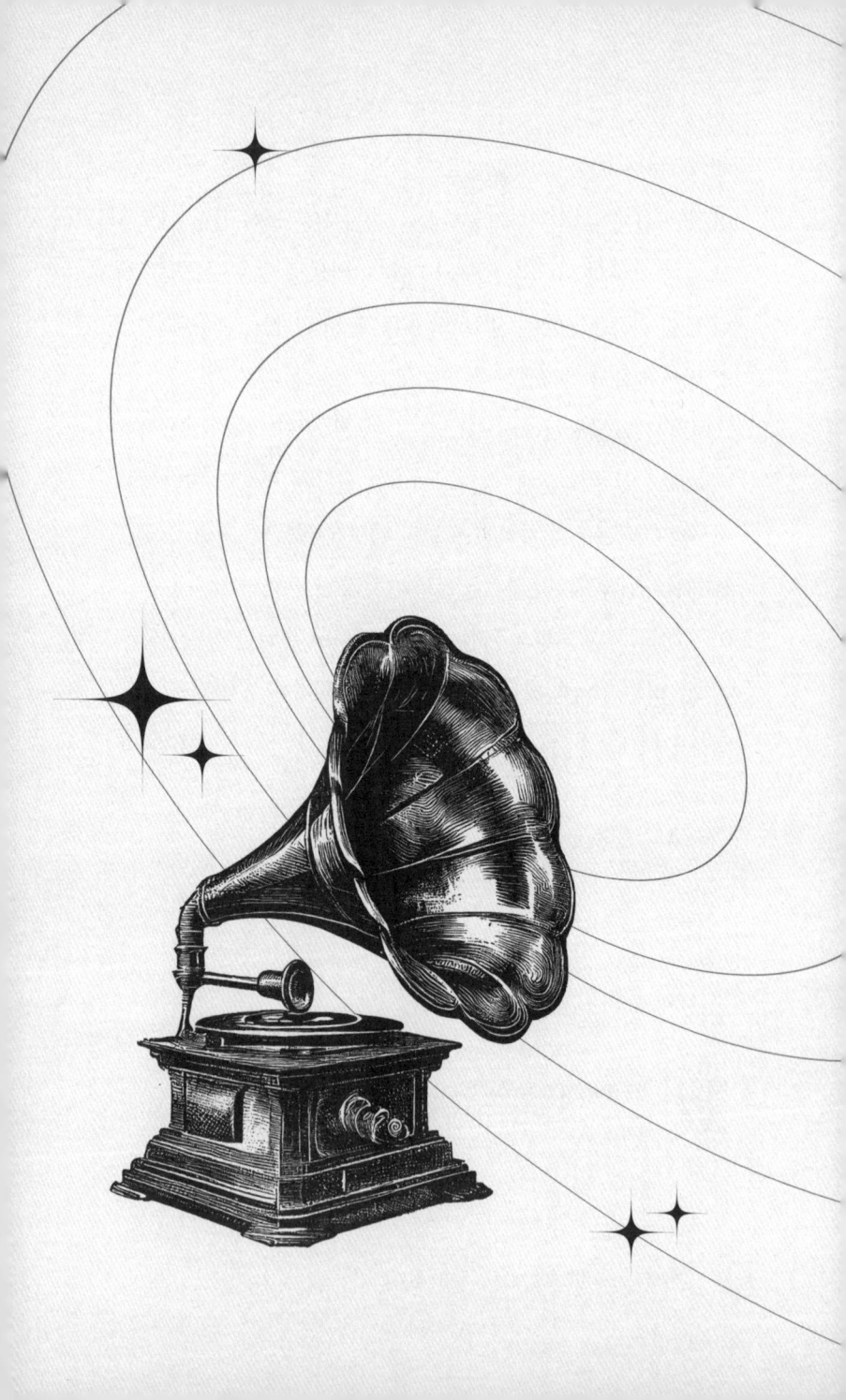

07

사고력을 만드는 멜로디

글로벌 시장을 흡수하는 다양한 에너지의 힘, 케이팝

"유행과 시대의 끈을
놓치지 않고 연결할 때
진정한 부를 창출할 수 있다."

우리나라 최초의 아이돌은 H.O.T가 아니다

한국의 케이팝은 어떻게 이런 성공과 부를 거머쥐게 되었을까? 싸이 때문에? 유튜브 때문에? 칼군무? SM엔터테인먼트나 방탄소년단? 춤과 노래를 좋아하는 한국인의 기질? 여기에는 다양한 요인이 있을 것이다.

이번에는 케이팝이 세계의 중심에 선 이유를 알아볼 차례다. 우선 케이팝이라는 용어를 언제 사용했는지부터 시작하는 것이 타당할 듯하다. 결론적으로 케이팝은 미국의 팝음악에 상당한 빚을 지고 있다고 해도 과언이 아니다. 빚은 반드시 갚아야 하는 것일까? 아니면 갚게 되는 상황으로 흘러가게 될까?

흥미롭게도 케이팝에도 위대한 시작은 있다. H.O.T가 아니다. 바로 케이팝 노래를 최초로 쓴 작곡가 주영훈이다.

그는 1990년대 후반 터보, 엄정화의 주요 히트곡을 내면서 한 세대를 풍미한 인물로 잘 알려져 있다. 터보의 '트위스트 킹'을 비롯해 엄정화 '배반의 장미', '포이즌', '페스티벌', '다가라' 등을 만들면서 10여 년 동안 30~40여 곡의 히트곡을 냈다. 방송 진행, 영화 음악, 듀엣곡까지 다양한 능력을 갖춘 재기발랄한 인물이었다.

그의 경력 속에는 여러 시도를 통해 변화를 꾀한 것이 많다. 그중 하나가 바로 '케이팝'이라는 5인조 보이그룹을 제작하면서 문제의 단어를 최초로 사용했다는 점이다. 그는 어떻게 케이팝이라는 말을 생각해냈을까? 사연은 이렇다.

그는 2000년도 일본에 갔다가 우연히 제이팝이라는 단어를 들었다. 당시 일본은 세계 경제에서 상당한 영향력을 행사하며 주목을 받던 시기였다. 일본 정부는 적극적으로 나서

자국 가수들의 세계 진출을 도왔다. 그중 하나가 '엑스재팬 X-Japan'이었다. 엑스재팬은 우리나라에서도 큰 인기를 얻은 밴드였다.

어쨌거나 당시 일본 정부는 일본 경제, 음식(특히 초밥)이 인기를 얻자 일본음악도 함께 전파할 목적으로 엑스재팬의 진출을 도왔다. 그때 탄생한 용어가 바로 제이팝이다. 즉 미국인들의 시선에서 그렇게 부른 것이다.

주영훈은 그 현상을 보고 케이팝이라는 단어를 떠올렸다. 언젠가 우리 가요도 케이팝이라는 단어를 쓰게 될 것이라고 말이다. 결국 주영훈은 2001년 5인조 보이밴드 '케이팝'을 발표하기에 이른다. 하지만 아쉽게도 히트는 하지 못했다.

즉, 결론을 내자면 케이팝이라는 단어를 최초로 쓴 인물은 주영훈이다. 보통 케이팝은 외국인이 우리 가요를 가리키는 용어라고 정의할 수 있다. 물론 이것이 현재의 정의다. 또한 이수만이 미국의 팝음악을 벤치마킹하는 과정을 보면 위에서 왜 케이팝이 미국에 빚을 지고 있다고 언급했는지 알게 될 것이다. 이제 본격적으로 SM의 탄생 비화로 넘어가보자.

SM엔터테인먼트의 진짜 설립자는 누구일까?

한국인이면 한 번쯤 해보는 질문이 있다. SM엔터테인먼트는 어떻게 거대한 성공을 거둘 수 있었을까? 케이팝은 언제 이렇게 큰 인기를 얻게 되었을까? 또 그들이 벌어들이는 돈은 다 무슨 수로 벌어들였을까?

이번 장에서 그 이유를 파헤쳐볼 생각이다. 먼저 SM에 대해 알아보려면 이수만의 창업 과정을 보면 된다. H.O.T, 보아의 히트곡을 나열하는 연대기적 분석이 아닌 색다른 각도에서 그가 어떻게 성공과 부에 도달했는지 알아보자.

서울대학교 출신의 연예기획자 이수만은 1972년 데뷔해 가수와 MC로서 이름을 알렸다. 그는 MBC 대학가요제에서 사회를 비롯해 다양한 라디오 프로를 진행하며 연예계에서 기반을 잡는 듯했으나, 원대한 꿈을 품고 미국 유학을 떠나 1985년 가요계로 돌아왔다.

이때부터 이수만의 본격적인 SM 스토리가 진행된다. 10년간 미국 팝음악계의 트렌드를 반복적으로 도입해 실패와 성공을 거듭한 것이다.

우선 이수만이 국내에 들어왔을 당시에는 뉴에이지가 유행이었다. 피아니스트 조지 윈스턴을 중심으로 하는 뉴에이지 붐은 국내에도 전해져 큰 사랑을 받았다. 이수만은 이 유행에 편승해 뉴에이지를 타이틀로 하는 2장의 앨범을 발표했다. 수록곡은 뉴에이지와는 관계없는 국내 일반 성인가요와 다를 바 없었다. 어쨌거나 두 음반은 모두 실패로 돌아갔고, SM이라는 용어는 이수만이 1989년 발표한 뉴에이지 2집에서 발견된다.

한편 이수만은 1989년부터 본격적으로 제작에 뛰어들었다. 랩이 댄스를 만난 장르, 뉴잭스윙이 미국에서 인기 있다는 사실을 알고부터다. 당시 주류 팝계에 떠오르는 스타는 바비 브라운으로 포인트 안무인 토끼춤을 앞세워 세계적으로 선풍적인 인기를 얻었다.

한편 1990년대에는 랩댄스만큼이나 휘트니 휴스턴, 머라이어 캐리 등이 부르는 R&B 장르도 큰 인기를 얻었다. 그런 와중에 '신인가수 모집'이라는 SM의 광고를 보고 120곡 정도를 만들어 무작정 이수만을 찾아온 인물이 있었다. 바로 유영진이다. 하지만 첫 곡은 보기 좋게 실패를 맛보았다. 훗날 누구도 유영진이 SM의 히트 제조기가 되리라고는 예상하지 못했을 것이다. 어쨌든 일련의 과정에서 보통의 제작자라면 깨끗이 털고 나오고도 남았을 시간. 하지만 이수만은 여기서 멈추지 않는다.

1994년 국내 스포츠계에 놀라운 소식이 전해졌다. 야구선수 박찬호가 미국 메이저리그에 데뷔한다는 것이다. 박찬호는 3월 4일 뉴욕 메츠와의 시범경기에 등판하고 4월 8일 애틀랜타 브레이브스전에서 선발 투수로 데뷔했다. 한국 최초의 메이저리거였기에 국내는 그야말로 떠들썩했다.

왜 갑자기 야구 이야기를 꺼냈는지 눈치챈 사람도 있을 것이다. 이수만이 이 좋은 호재를 그냥 놓칠 리 없지 않은가? 그는 1994년 결성한 3인조 록밴드 '메이저'를 선보였다. 그사이 이수만은 한동준과 김광진의 1집도 제작했으나 두 음반 모두 실패로 돌아갔다. 그야말로 인고의 시간이 아닐 수 없었다. 이수만은 랩댄스, 발라드, 록, 소울 등 다양한 음반의 제작과 실패를 경험하면서 철저한 매지니먼트와 거대 수익의 노하우를 깨달았다.

과연 음악 트렌드를 좇는 그의 끝은 어디까지일까? 이제 1990년대 중반 미국의 팝 시장으로 가보자. 당시 팝계에는 세계적인 아이돌 그룹이 등장했었다. 뉴 키즈 온 더 블록, 백스트리트 보이즈가 그 주인공이다.

1992년 2월 17일. 올림픽체조경기장에서 뉴 키즈 온 더 블록의 내한공연이 열렸다. 이때 관중들의 무질서로 인해 여고생 1명이 압사당하는 사고까지 벌어졌다. 이수만은 이때 음반시장의 구매 파워가 10대로 이동하고 있다는 사실을 직감했던 것으로 보인다.

또 위에서 언급한 미국의 보이그룹 모두 10대가 주축을 이루는 5인조 보이그룹이라는 것에 주목했다. 그리고 이러한 트렌드에 착안해 국내 보이그룹을 제작하기에 이른다. 당시 이수만은 너무 많은 실패를 한 상황이어서 재정적으로 매우 어려운 상황이었다. 하지만 포기하지 않고 매달린 끝에 5인조 보이그룹 H.O.T가 탄생할 수 있었다.

몇 가지 드러난 사실만 열거했을 뿐인데도 그가 단순한 음악제작자를 넘어 사회 전반에 트렌드를 유행시킨 거물임을 알 수 있다. 그가 이후 보아를 일본에 진출시키거나, 슈퍼주니어, 소녀시대를 제작하는 과정, 또 메타버스와 함께 에스파를 선보인 것도 비슷한 환경에서 비롯되었다. 한마디로 SM엔터테인먼트 성공은 이수만 자신이 아니라 그가 좇던 '트렌드'의 결정체에 있었다.

그렇다면 현재의 케이팝은 어떤가? 해외의 수많은 10대가 케이팝 댄스를 커버하고 여러 학계가 케이팝 가수를 분석해 새로운 트렌드로써 주목하고 있다. 여러분은 케이팝의 성공 이유를 무엇이라고 생각하는가? 무엇보다 이수만의 빠른 판단력과 실행력 때문은 아니었을까? 결국 부와 성공을 이루는 과정은 일확천금이 아니라 기본과 초심에 있다는 것을 일련의 사건들이 보여준다.

이수만 이후에도 JYP의 박진영, 하이브의 방시혁 같은 또 다른 케이팝의 상징들이 등장했다. 그리고 그들 또한 이수만과 매우 유사한 방식으로 성공을 이루어냈다.

JYP의 노래 도입부에 항상 '제와이피'가 들어가는 이유

앞서 이수만을 심지어 메이저리그까지 벤치마킹한 수용과 집념의 인물로 소개했다. 박진영도 결은 비슷하다. 미국의 디스코 장르를 원더걸스 등 소속 가수들의 노래에까지 접목한 인물이었다. 이수만과 다른 점이 있다면 시종일관 디스코와 춤을 사용해 노래를 발표했다는 것. 훗날 소속사 가수들이 불만을 표시하기도 했다. 하지만 내면에 존재하는 철학은 쉽게 바꿀 수가 없는 모양이다. JYP엔터테인먼트 소속 가수들의 노래 도입부에 필연적으로 '제와이피'가 나오는 것도 이런 음악에 대한 그의 정체성이 깔려 있는 것으로 해석해볼 수 있다.

박진영은 어린 시절 부친의 발령으로 2년간 미국 뉴욕에 머무르며 흑인음악을 접했다. 이후 마이클 잭슨의 음악에 깊이 빠져들었고 주한미군방송AFKN과 라디오를 들으며, 세계적인 지지를 받는 디스코와 R&B를 몸속 깊이 체득했다. 이것이 훗날 박진영이 디스코로 경력을 이어나가는 기반이 되었다.

박진영이 1997년 발표한 '그녀는 예뻤다'는 디스코를 염두에 두고 쓴 노래였다. 그는 어떻게 이슈를 만들까 고민하던 중 복고풍으로 콘셉트를 잡았다. 디스코 시대 흑인들에게 인기를 끌었던 통바지와 곱슬머리 가발을 쓰고 방송에 등장했다. 이때까지만 해도 그가 오랫동안 디스코 장르로 갈 것이라고는 상상하지 못했을 것이다.

흥미롭게도 같은 해, 박진영이 첫 프로듀싱을 했다. 진주가 부른 '난 괜찮아'였다. 이 곡은 미국 가수 글로리아 게이너가 1978년 부른 'I Will Survive'가 원곡이다. 이 곡을 박진영이 번안해 진주에게 주면서 히트곡이 탄생한 것이다.

또한 박진영이 디스코에 열중할 시기에 새로운 인물이 JYP에 합류했다. 방시혁이었다. 그는 유재하음악경연대회 수상자로 박진영의 데모 테이프를 듣고 함께 음악을 하기로 결심했다. 분명 박진영으로부터 음악적인 영향을 받았을 것이다.

다음으로 2007년 JYP가 제작한 원더걸스의 'Tell Me'를 보자. 이 곡은 미국 가수 스테이시 큐의 디스코 댄스뮤직을 샘플링한 노래이다. 이 노래에서 박진영은 찌르기춤 등 디스코 시절의 안무를 그대로 도입해 포인트로 사용했다. 이후 원더걸스의 미국 진출곡인 'Nobody'의 총알춤도 같은 맥락에서 시작되었다고 볼 수 있다.

이쯤 되면 박진영이 왜 디스코를 끊임없이 벤치마킹하는지 생각해보지 않을 수 없다. 아마도 그가 시도한 다른 장르와 비교해 자신이 가장 잘할 수 있고, 디스코 뮤직이 가장 큰 수익을 벌어다 주었기 때문인 것으로 보인다. 그렇다면 박진영의 디스코 향연은 여기서 끝일까? 'When We Disco.' 2021년 그가 선미와 듀엣으로 부른 노래를 모두 기억할 것이다. 디스코를 향한 그의 열정은 지금부터가 시작이다.

한편 JYP에서 음악을 시작한 방시혁은 댄스와 발라드를 주로 만들었다. 하지만 흑인음악을 기반으로 한 R&B가 성공을 거두지 못하자 아이돌 음악으로 전향했다.

방시혁은 빅히트엔터테인먼트 시절 R&B, 발라드로 구분되는 임정희, 2AM, 8EIGHT를 제작했다. 물론 팬들의 사랑을 받았지만 상대적으로 상업적인 성공을 크게 거두지는 못했다. 그는 국내에서 발라드 아이돌 그룹으로는 성공하지 못한다는 것을 몸소 깨달았는데, 그런 그가 박진영의 조언을 듣고 재기에 성공한 노래가 백지영이 부른 '총 맞은 것처럼'이었다. 이 곡이 수록된 음반에는 훗날 방탄소년단의 여러 히트곡을 만든 프로듀서 피독도 등장한다. 앞에서도 말했듯이 그는 2022년 전후로 4년 연속 저작권 수입 1위에 올랐는데 연간 400억 원이 넘는 수익을 올린 것으로 알려졌다.

앞서 방탄소년단의 첫 싱글앨범 '2 COOL 4 SKOOL'에 대해 밝힌 바 있다. 하지만 이들이 미국 시장에서 진정으로 성공했다고 말할 수 있는 노래는 따로 있다. 바로 2020년 발표한 '다이너마이트'다. 이 곡은 한국 최초로 빌보드 핫100 차트 1위를 기록했다. 이 음악 차트는 미국 내 라디오 횟수, 스트리밍, 음원 판매로 순위를 집계하므로, 미국 주류 팝 시장에서 완벽한 인정을 받았다고도 생각할 수 있다. 그런데 이 곡이 디스코라는 점은 우연이 아니라고 보아야겠다.

이수만과 박진영, 방시혁으로 연달아 이어지는 계보까지, 훗날 이들 아이돌 제작사의 수장들은 음원이 플랫폼에 주도권을 빼앗기자 더 이상 큰 수익을 기대하지 못한다는 판단에 포토집에 가까운 음반 세트, 응원봉, 콘서트로 방향을 선회했다. 그리고 세계의 10대들을 통해 거대한 수익을 창출해냈다. 또 케이팝을 세계시장에 정착시키기 위한 노력으로 연습생 제도를 도입하고, 춤 잘 추고 노래 잘하는 인재들을 발굴하기 시작했다. 그런데 잠깐, 이것도 역사가 있다는 사실을 아는가?

10대들의 참혹한 발명품, 케이팝

케이팝의 성공에는 연습생의 계보가 매우 중요하다. H.O.T, 보아, SES가 이 제도의 초기 모델로 볼 수 있다. 하지만 사실 세계 음악사에서도 연습생 제도를 쉽게 발견할 수 있다. 그러니까 갑자기 생겨난 것이 아니란 뜻이다.

영국 리버풀대학교의 음악교수 마이클 스피처는 자신의 책《우리에겐 음악이 필요하다》에서 연습생 제도의 변화를 '10대의 발명'으로 칭했다. 그리고 서양음악이 연습생들의 숨겨진 고통의 역사라 주장하며 지금도 같은 일을 반복하고 있다고 깨닫는다.

우선 13세기 독일의 힐데가르트 수녀원에는 수녀를 길러내기 위한 목적으로 소녀들이 강제로 보내졌다. 그렇게 보내진 소녀 중에는 훗날 패션계의 거목으로 성장한 샤넬의 설립자 코코 샤넬도 있었다. 당시 힐데가르트 수녀는 버릇없는 소녀들을 굴복시키기 위해 집요하게 고음 훈련을 강요했다고 한다.

한편 1700년대 초반 유럽에는 오페라가 유행했다. 때마침 뒤에서는 거세가수 '카스트라토'가 만들어지고 있었다. 카스트라토는 국내에서 영화 '파리넬리'로도 잘 알려져 있는데, 변성기 이전의 소년들에게 여성 소프라노의 음을 유지하게 만들려고 남근을 거세한 아픈 역사다. 당시 매년 4,000명의 소년들이 거세당했다. 당시 이 행위를 그리스도의 수난과 상징적으로 연결 지었기에 가능한 일이었다.

1814년에는 요한 로기에르란 인물이 최고의 피아니스트를 길러내기 위한 기구로 카이로프라스트Chiroplast를 발명해 특허를 받았다. 이 손가락 기구는 나무로 된 장치에 손을 집어넣어 올바른 자세를 잡도록 하는 것이었는데, 결과적으로 음악가 로베르트 슈만이 피아니스트로서의 경력을 이어나갈 수 없는 악재로 작용했다.

   이 수난의 역사에는 비슷한 시기 활동한 유명 인물도 있다. 악마의 피아니스트 파가니니. 그의 부친은 고된 항구 일에서 벗어나고자 아들에게 하루 10시간이 넘는 혹독한 연습을 시켰다. 심지어 제대로 하지 않으면 매질을 하거나 밥을 굶기는 식으로 실력을 키우게 만들었다. 결국 파가니니는 연주마다 호평을 받으며 부를 얻었지만, 성인이 되어서는 과거의 트라우마를 이겨내지 못하고 방탕하게 살았다.

   이후에도 어린 나이에 빛을 보았지만 삶을 일찍 마감하는 경우가 많았다. 그룹 너바나의 멤버 커트 코베인이 대표적이다. 이처럼 어린 시절 일찍 빛을 본 이들 중 성인이 되어 불행한 삶을 사는 경우가 그리 드문 일은 아니다.

   그렇다면 왜 어릴 때 빛을 본 스타들 가운데 훗날 불행한 길로 들어서는 이들이 있는 것일까? 초중고 시절에는 주위 환경을 통해 앞으로 살아가는 데 가치 있는 것들, 즉 삶의 방식과 철학 등을 서서히 배워가는데, 그런 과정 없이 스타가 되다 보니 갑작스러운 악플이나 관계 설정에 충격을 받고 견뎌내지 못하는 것도 한 가지 이유이다.

아이돌의 경우도 마찬가지다. 학업을 뒤로한 채 기나긴 연습생 시절을 거쳐 춤과 노래를 습득한 어린 아이들은 또래 학생들과 부대끼며 제대로 된 사회화를 거치지 못하고 어른으로 자라날 위험이 있다. 따라서 가요계에 데뷔해 스타로 부와 인기를 얻게 되지만, 그 왕관의 무게를 견디지 못하고 힘겨워하는 경우가 적지 않다.

이 상황은 연습생 제도가 잘 갖추어진 케이팝에서도 두드러지는 특징이다. 미국 팝음악계, 일본 가요계도 크게 다르지 않다. 하지만 유독 우리나라의 연습생 제도 아래서 안타까운 사건과 소식들이 잦은 것은 왜일까? 그것은 뛰어난 가수를 목표로 하는 연습생들이 더욱 혹독하고 고통스러운 시간을 견뎌야 한다는 것을 의미하기 때문이다.

결국 오늘날 케이팝의 인기는 제 나이 때 행복을 포기한 10대들에게 빚을 지고 있다고 할 수 있다. 사실상 현재 아이돌 가수들의 고통이 중세 힐데가르트 수녀나 거세가수 카스트라토, 카이로프라스트 교육을 받은 아이들과 무엇이 다르다고 할 수 있을까? 남들보다 일찍, 더 많이 뼈를 깎는 노력이 성공을 불러왔을지는 모르나, 반드시 속도를 초월한 만큼의 책임과 중압은 따라오기 마련이다.

MZ세대의 기억을 관장하는 음악과 해마 이야기

지금, 이 순간에도 세계의 10대들은 어디선가 케이팝을 들으며 열광하고 있을 것이다. 아니, 절대적으로 흐르는 시간 속에 그들의 뇌 어딘가에 쌓이고 있다. 그런데 여기서 한번 당신의 과거를 돌이켜보라. 덩그러니 음악만 기억하는 사람이 있을까? 대부분은 당시의 추억과 함께 저장되어 있을 것이다.

나의 경우, 1988년 발표된 푸른하늘의 '겨울바다'를 듣고 있으면 고교 시절 있었던 추억의 장면들이 펼쳐지며 가슴이 뭉클해진다. 이 노래 하나로 수십 년도 지난 옛 기억이 떠오르는 셈이다. 이처럼 어떤 사람에게는 첫 실연과 관련된 노래가, 연인이 떠나는 아픔을 멜로디로 달랜 추억이 존재한다. 그런데 우리는 여기서 흥미로운 지점을 발견할 수 있다. 우리 뇌는 왜 노래만 기억하지 않을까? 굳이 음악이 있었던 장면을 함께 저장하는 이유가 무엇일까?

  지금까지 언급한 여러 학자의 공통된 의견은 이렇다. 인간의 뇌에 감정의 기억이 가장 강렬하게 저장되는 때가 10대 시기이기 때문이라는 것이다. 앞서 청소년 시기의 어린 10대들이 사회적 유대관계를 팬클럽에서 처음 맺는다는 이론과도 일치한다.

  미국의 음악학자 데이비드 휴런이 책 《달콤한 예측》에서 주장하는 기대이론도 이 같은 사실을 반증한다. 우리가 어떤 현상을 경험하고 '긴장', '반응', '상상', '예측'의 과정을 받아들이는 데 있어서, 음악이 경험을 축적하고 저장해 향후 행동에 지대한 영향을 미친다는 것이다. 10대 시기는 삶의 명암을 최초로 경험하는 일이 많은 만큼, 음악이 요동치는 감정과 기억의 발생을 저장하는 데 직접적으로 관여한다. 여기서 케이팝은 그런 10대를 겨냥해 상업적인 성공까지 거둔 가장 확실하고 수용적인 음악이 아닐 수 없다.

BTS 앨범으로 배우는 마인드 리셋법

유수의 기업과 대학에서 음악 강연을 하다 보면 가장 많이 듣게 되는 질문이 하나 있다. 바로 "방탄소년단의 세계적 인기 요인이 무엇인가"에 대한 것이다. 대개는 뛰어난 디렉팅, 빼어난 노래와 칼군무, 팬클럽 아미의 결속력을 꼽는다. 심지어는 소속사 사장의 조상 묫자리가 좋아 성공했다는 주장까지 있을 정도다. 일부는 맞는 해석이다.

하지만 음악전문가의 시선에서 바라본 방탄소년단의 성공과 인기는 이렇다. 마이클 잭슨, 조용필 같은 전설적 가수의 탄생 뒤에는 아마도 "시대가 그들을 원했거나, 신이 그들을 선택한 것이 아닌가" 하는 사회운명론이 존재한다고 말이다.

왜냐하면 부와 명예는 그리 단기간에 쉽게 얻을 수 있는 경지가 아니기 때문이다.

일단 그들의 노래는 마인드 리셋부터가 다르다. 별 의미 없는 의성의태어의 무한반복이 아닌 철학적 다짐이 곡 속에 드러나 있다. 2016년 히트곡 '피 땀 눈물'만 봐도 그렇다. 아주 원초적이고도 말초적인 그러면서도 직관적이고 직접적인 단어 '피', '땀', '눈물'로 강력한 마인드 리셋 효과를 주고 있다. 멤버들이 직접 작사에 참여했으니 그 심리적 삼투압 효과는 말할 필요도 없겠다.

또 다른 곡 'IDOL'도 그렇다. 자신을 사랑하고 자신을 위해 살라는 사회적이고 차별화된 메시지가 분명하게 드러난다. 이제 국내 팬들이 보내는 절대적 지지를 넘어 전 세계가 열광하는 이유를 알겠는가? 그들의 음악을 원 없이 듣고 즐기는 것만으로 내일을 향한 성공과 도전의 베이스를 마련해보자.

빌보드 탈환으로 하나의 세계를 완성한 '방탄소년단'의 곡
피땀눈물 | BTS

닫는 글
음악의 코어를 알면 성공이 보인다

인류 초기부터 중세를 거쳐 현대에 이르기까지, 놀랍게도 위대한 인물들은 각자의 방법으로 음악을 통제하며 부와 명예를 이루었다는 사실을 지금까지 살펴보았다. 그렇다면 이제 그 공통점도 눈치챘을까? 일론 머스크가 데이비드 보위의 'Space Oddity'를 좋아하고, 스티브 잡스가 밥 딜런의 'Mr. Tambourine Man', 워런 버핏이 'My Way'를 듣고 부르는 것에서 성공의 코어를 보았냐는 것이다.

연구를 통해 한 가지 확실히 알 수 있었던 것은, 그들은 어려운 일이 생길 때마다 좋아하는 음악을 들으며 스트레스를 해소하거나 상황을 극복하기 위해 노력했다는 점이다. 어쨌거나 부와 성공은 하루아침에 달성할 수 없다. 갖은 유혹을 뚫고 기나긴 기다림을 필요로 한다. 남들보다 적게 쓰고, 꾸준히 모아 달성하고, 분쟁을 감수하는 고독한 길인 것이다. 그리고 그 목표를 이루기 위해 가장 도움이 되는 수단은 흥미롭게도 음악이었다.

이것은 노래는 곧 주문(呪文)이라는 옛말과 다르지 않다. 주문은 신을 부르는 행위이다. 우리 선조들이 노래를 부를 때 주로 써왔던 말 "신명 나게 놀아보자"에도 보이지 않는 정신세계를 부른다는 의미가 담겨 있다. 그만큼 노래가 인생을 지배하는 힘이 강하다는 뜻이다. 아마도 이 같은 계보가 오랫동안 남은 데는 분명 그만한 이유가 있을 것이다.

책 속의 인물들도 이 점을 활용했다. 그러니 여러분도 적극적으로 음악을 들어보기를 바란다. 이왕이면 그 노래가 희망의 곡이었으면 한다. 목표가 있다면 목표를 이루어주는 노래를 들으면 더욱 좋겠다. 어렵고 힘들 때는 좋아하거나 적절한 음악을 들으며 고통의 쓴맛을 완화하고 의지를 강하게 북돋아주자. 노래가 주문이라는 말처럼 희망의 주문을 거는 것과 다르지 않을 테니 말이다.

수많은 사람에게 사랑받는 음악이라 할지라도 전문가를 만나 직접 소통하면 우리도 모르는 이야기가 풍부해진다. 또 무심코 들었던 음악을 인문학적으로 고찰해보는 흥미롭고 유익한 시간이 된다. 가수가 제목 따라간다는 말처럼 좋은 음악이 행동으로 발현되는 것은 오랜 경험을 통해 얻은 나의 지혜다. 음악을 듣는 시간이 길어질수록 그 열매도 값지고 달았다.

그래서 나는 오늘도 레니 크라비츠의 'It Ain't Over 'til It's Over'를 듣는다. '끝날 때까지 끝난 것이 아니다'라는 노래 제목처럼 다시 삶을 살아가는 에너지를 받는다. 그러니 부디 여러분도 나만의 플레이리스트를 만들어보기 바란다. 분명 행운이 있을 것이다.

사운드 오브 머니 백만장자의 음악들

2023년 5월 24일 초판 1쇄 발행

지은이 박성건
펴낸이 박시형, 최세현

책임편집 윤정원　**디자인** 윤민지
마케팅 권금숙, 양근모, 양봉호, 이주형　**온라인홍보팀** 신하은, 현나래
디지털콘텐츠 김명래, 최은정, 김혜정　**해외기획** 우정민, 배혜림
경영지원 홍성택, 김현우, 강신우　**제작** 이진영
펴낸곳 (주)쌤앤파커스　**출판신고** 2006년 9월 25일 제406-2006-000210호
주소 서울시 마포구 월드컵북로 396 누리꿈스퀘어 비즈니스타워 18층
전화 02-6712-9800　**팩스** 02-6712-9810　**이메일** info@smpk.kr

© 박성건 (저작권자와 맺은 특약에 따라 검인을 생략합니다)
ISBN 979-11-6534-669-0 (03670)

- 이 책은 저작권법에 따라 보호받는 저작물이므로 무단전재와 무단복제를 금지하며, 이 책 내용의 전부 또는 일부를 이용하려면 반드시 저작권자와 (주)쌤앤파커스의 서면동의를 받아야 합니다.
- 잘못된 책은 구입하신 서점에서 바꿔드립니다.
- 책값은 뒤표지에 있습니다.

쌤앤파커스(Sam&Parkers)는 독자 여러분의 책에 관한 아이디어와 원고 투고를 설레는 마음으로 기다리고 있습니다. 책으로 엮기를 원하는 아이디어가 있으신 분은 이메일 book@smpk.kr로 간단한 개요와 취지, 연락처 등을 보내주세요. 머뭇거리지 말고 문을 두드리세요. 길이 열립니다.